당신의 안녕이 기준이 될 때

당신의 안녕이 기준이 될 때

멍든 대한민국의 안전 재설계

권오성
지음

21세기북스

안전의 방향은 명백하다

우리나라는 지난 50여 년간 비약적인 경제 성장을 이룩했다. 선진 산업국가에서 200여 년의 기간에 걸쳐 일구었던 산업화를 짧은 기간에 달성한 것은 기적과 같은 일이고, 감사한 일이다. 그런데 이러한 급속한 경제 성장과 산업화의 밝은 면 뒤에는 노동자와 시민의 생명과 안전보다는 기업의 이윤을 우선시하는 어두운 면이 존재했다는 점도 부정하기 어렵다.

산업재해는 현대 산업사회에 내재된 불가피한 위험이다. 하지만 2022년 통계 기준으로 업무상 사고로 사망한 사람이 874명, 직업성 질병으로 사망한 사람이 1,349명에 이른다는 사실이나 세월호 사고 등 대형 시민재해의 발생은 여타 산업국가와 비교할 때 이례적으로 높은 수준이다. 이는 우리사회가 단시간에 급격한 경제적 성장을 이루었지만, 그러한 경제 규모에 알맞는 안전에 관한 규범이나 문화를 체득하지는 못하였다는 점을 보여준다.

국민의 생명, 나아가 건강과 안전 보장은 기본적인 권리이다. 따라서 국가에는 제반 정책을 구축해 국민의 생명과 건강, 안전이라는 가치를 추구해야 할 책무가 있다. 다행스럽게도 최근 「산업안전보건법」의 전부개정이나 「중대재해처벌법」의 제정 등을 통해 국민의 안전과 건강에 대한 관심이 그 어느 때보다 높아지고 있다. 물론, 법률의 제정만으로 안전사고나 산업재해가 곧바로 줄어들 것으로 기대하기는 어렵다. 그러나 이러한 법률의 시행으로 정부나 기업, 그리고 노동자와 일반 국민의 안전에 대한 인식이 제고된다면 장기적으로는 대한민국이 '보다 안전한 나라'로 변화할 수 있을 것으로 기대한다.

그런데 안전이라는 주제가 굉장히 다양한 영역과 관련된 문제이다 보니 안전이 왜 중요한지, 그리고 안전을 추구하기 위하여 어떠한 법 제도가 마련되어 있는지, 이러한 법 제도는 어떻게 기능하는지를 일목요연하게 설명하는 것이 그리 쉬운 일은 아니다. 전공자가 아닌 일반인에게는 용어도 상당히 생소하고, 법학 이외의 다양한 학문 분야에서의 연구결과도 참조할 필요가 있어서 안전에 관한 모든 이야기를 얇은 책 한 권에 담는 것은 불가능하다.

이러한 점을 고려해 이 책은 1강에서 먼저 인류의 역사에서 안전이 어떻게 문제되어왔는지, 특히 산업화 이후의 변화된 세계에서 산업재해가 어떻게 불가피한 위험으로 인식되었는지, 그리고 그러한 위험이 어떤 과정으로 '개인'의 책임이 아니라 사회가 책임을 져야 하는 '사회적 위험'으로 인식되었는지를 살펴본다. 다음으로 이러한 맥락에서 우리나라의 상황을 짚어보고, 2강에서는 안전이라는 가치보다 기업의 이윤이 우선되었던 기존의 기업 경영의 문제점에서 출발해 '안전에 관한 권리'가 국민의 기본권이라는 관점에서 안전에 관한 국가 정책의 필요성을 재확인한다.

1강과 2강이 안전 문제에 관한 역사적 맥락과 우리나라의 실태를 다루었다면, 3강부터는 이러한 안전 문제를 다루기 위해 마련된 우리나라의 법 제도를 설명했다. 안전에 관한 법률은 상당히 방대하여 모든 법률을 설명하는 것은 이 책의 취지에 맞지 않기에, 독자들이 가장 관심이 있을 만한 「산업안전보건법」, 「중대재해처벌법」, 「산업재해보상보험법」을 위주로 내용을 구성했다.

안전에 관한 법 제도는 크게, 재해가 발생하지 않도록 하기 위한 예방에 관한 법률과 실제로 재해가 발생한 경우 그러한 재해를 일으킨 사람에게 책임을 묻는 법률, 그리고 그러한 재해로 인해 피해를 본 사람을 구제하기 위한 법률로 나눠진다. 「산업안전보건법」이 재해 중에서 특히 산업재해를 예방하기 위한 법률이라면, 「중대재해처벌법」은 중대산업재해와 중대시민재해를 야기한 기업에 책임을 묻기 위한 법률이고, 「산업재해보상보험법」은 업무상 재해를 입은 근로자나 노무제공자를 구제하기 위한 법률이다. 이들 법률 외에도 국민의 안전과 건강을 보호하기 위한 다양한 법률이 있으나, 이 책에서는 주로 이들 세 개의 법률을 다루기로 한다.

먼저 3강에서는 산업재해의 예방을 목적으로 마련된 「산업안전보건법」의 입법 취지와 기능을 간단하게 살펴본

다음, 최근 많은 관심을 모으고 있는 「중대재해처벌법」을 다루었다. 특히, 「중대재해처벌법」은 중대재해를 일으킨 기업의 '경영책임자'를 직접 처벌하기 위한 것이라는 점에서 기존의 「산업안전보건법」과는 법을 적용하는 방식이 다르다. 이러한 점을 위주로 「산업안전보건법」과 「중대재해처벌법」의 차이점을 설명했고, 또한 중대시민재해에 관해서도 간략하게 설명했다.

마지막으로 4강에서는 「산업재해보상보험법」을 위주로 국가가 재해를 입은 사람을 어떻게 보호하는가를 살펴본다. 현대사회에서 '업무상 재해'는 개인의 책임에서 사회의 책임으로 인식이 달라졌는데, 재해에 대한 책임이 가해자의 고의나 과실을 요구하는 불법행위책임에서 이를 묻지 않는 재해보상책임으로 변화되었다는 데서 논의를 시작해, 2023년 7월 1일자로 시행된 개정 「산업재해보상보험법」에서 그 보호의 대상을 근로자에서 노무제공자로 확대한 배경과 업무상 재해가 발생한 경우 구체적으로 어떠한 보상을 받을 수 있는가를 살펴본다.

본론에 들어가기에 앞서 우리 사회가 눈부신 경제 성장

에 걸맞은 생명 존중의 문화를 갖추는데 이 작은 책이 조금이라도 보탬이 되었으면 한다는 소망을 전하며, 박노해 시인의 '손무덤'의 한 구절을 인용하면서 이 책을 시작하려 한다.

"기계 사이에 끼어 아직 팔딱거리는 손을
기름먹은 장갑 속에서 꺼내어
36년 한 많은 노동자의 손을 보며 말을 잊는다."
(시집 '노동의 새벽'·느린걸음·1984)

2023년 7월
권오성

CONTENTS

1강

대한민국 사회,
안전합니까?

사람의 생명과 신체에 대한 가치는 영리 활동을 위해 자리를 내어주면 안 되는 것이다. 인간의 존엄에는 그 무엇과도 바꿀 수 없는 고유한 가치가 있기 때문이다.

01

우리는 왜 안전하지 않은 사회에서
살게 되었을까?

인류는 400만 년 전부터 안전하지 않았다

우리나라의 인사말 "안녕하십니까?"에는 누군가의 안녕을 바라는 마음이 담겨 있다. '안녕'이란 사전적 의미로 '아무 탈 없이 편안함'을 뜻한다. 즉, 우리는 매일 모두가 어떤 위험도 없이 평안하고 안전한 상태에서 지내기를 바라고 있는 셈이다. 안녕한 삶은 누구나 꿈꾸는 보통의 소망이다.

그러나 지구에 인간이 나타난 이래, 목숨이 위태롭지 않왔던 적은 단 한 순간도 없었다. 400만 년 전 처음 인류가 등장했을 때는 완전한 자연 상태에서 야생 동물과 자연재해 같은 위험으로부터 늘 생명의 위협을 받았다. 식량을 구하는 기본적인 활동조차 목숨을 걸어야 할 만큼 위험천만한 상태에서 해야 했고, 이를 제대로 해내지 못하면 기아 상황에 놓여 아사하기 일쑤였다.

시간이 흘러 역사시대로 넘어와서도 상황은 달라지지 않았다. 인류는 이제 전쟁이라는 새로운 위험과 맞닥뜨렸다. 무리를 지어 살던 인간들은 나라를 형성하기 전부터 부족 간에 영토와 식량을 차지하기 위한 전투를 벌였고, 나라가 등장한 후에는 더 큰 무력 다툼인 전쟁으로 수많은 인명이 살상되는 비극이 벌어졌다. 이는 지금까지도 이어지는 인류의 크나큰 위협 요인이다.

그렇다면 기술이 발전하고 전쟁이라는 극단적인 상황이 과거에 비해 줄어든 현대사회에서는 인간의 안전이 완전히 보장되고 있을까? 안타깝지만 그렇지 않다. 기후 위기와 같은 이전에는 상상하지 못했던 새로운 위험이 도래했고, 18~19세기 산업혁명 이후에는 생산 기술이 발달하면서 등장한 어마어마한 동력원으로 돌아가는 기계 장치가 되레 인간의 생명을 위협하는 일이 빈번하게 발생하고 있다. 건축 기술이나 토목 기술의 발전 덕분에 인간은 전에 없던 거대하고 화려한 건축물을 소유하게 되었지만, 그에 따른 부수적인 위험도 함께 감당해야 하는 운명을 맞이했다.

산업화가 불러일으킨 새로운 재난 사회

산업화 시대는 18세기 후반 영국에서 시작되었다. 방적 기계가 개량되면서부터 약 100년 동안 유럽에서 이어진 급속한 산업 발전을 의미한다. 이로써 대량 생산이 가능해졌고, 사회의 구조가 크게 달라졌으며 빈곤층도 대폭 줄어들었다. 전근대 시대까지는 귀족과 평민으로 이루어진 계급 사회가 유지되었지만 이러한 사회 체제는 시민혁명으로 사라졌고, 산업화 시대를 거쳐 자본주의라는 새로운 경제 체제가 등장하면서 자본가와 노동가라는 새로운 형태의 계급이 생겨나게 되었다.

자본주의로의 이행은 인간의 생활을 편리하게 바꿔주고, 풍요로움을 가져다주었다. 하지만 이전까지는 한 번도 경험하지 못한 급속한 발전으로 인해 인류 역사에서 본 적 없는 예기치 못한 재해가 발생할 위험도 높였다. 산업혁명 과정에서 생산 수단이 기계화되면서 동력원은 소와 말 같은 자연력에서 증기기관과 같은 물리적인 형태로 달라지게 되었다. 이러한 기계는 인간이 통제할 수 없는 위험들을 발생시켰다. 산업혁명 덕분에 근대 산업은 집약적으로 발전하는 한편 이에 대한 부작용으로 노동자의 건강을 침해하는 산업재해의 발생 가능성이 높아진 것이다.

실제로 전 세계적으로 수많은 사건 사고가 일어나면서 인류는 두려움에 떨어야 했다. 1984년, 인도의 보팔에 있는 화학공장에서는 유독가스 누출로 인한 폭발 사고가 일어났다. 이 사건으로 사고 현장에서만 3,787명이 사망하고, 56만 명이 부상을 입었다. 이후 가스 누출로 인해 후유증을 얻은 사람 역시 1만 6,000명 이상 발생해 인류 역사상 최악의 참사라고 불릴 만큼 큰 인적 손실을 입었다.

이러한 연장선에서 노동자들은 위험이 없는 상태, 즉 안전을 보장받을 권리를 법으로 보장해줄 것을 주장하게 되었다. 이는 국가와 기업이 노동자의 신체 안정성과 아프지 않은 상태를 제도적으로 뒷받침해주어야 한다는 것을 의미한다.

산업재해는 개인의 책임이 아니다

자본주의는 인류 역사에 등장한 지 채 300년도 되지 않았지만 그 어떤 경제 체제보다 많은 모순을 드러냈다. 산업재해도 마찬가지였다. 이전까지 재해란 개인의 능력에서 비롯되는 개인적 위험으로서, 각자 알아서 지켜야 하는 개인의 책임이라는 관점이 존재했다. 하지만 이제는 재해가 구조적 원인에서 비롯된 사회적 위험이자 사회적 책임의 영역이라는 인식이 새롭게 자리 잡게 되었다.

여기에서 말하는 사회적 위험이란, 반드시 산업재해나 시민재해 같은 일시적인 대규모 사고만 이야기하지는 않는다. 우리가 살면서 맞닥뜨리는 수많은 위험은 피하고 싶어도 피할 수 없는 게 대부분이다. 가장 대표적인 사회적 위험은 바로 노화다. 사람은 누구든 타인으로부터 아무런 도움을 받지 않고 혼자서 무언가를 한다는 것이 불가능하며, 언젠가는 반드시 죽음이라는 결말을 맞게 된다. 또한, 산업 사회에서는 타의에 의해 노동에서 이탈하게 되는 실직이라는 위험도 항상 도사리고 있는데, 이 역시 개인이 초래하지 않은 사회적 위험이다.

하지만 그 가운데서도 건강과 질병에 아주 빠른 속도로 치명적인 영향을 미치는 산업재해는 특히 더 사회적 책임의 영역으로 인식할 필요가 있다. 산업재해는 급속한 경제 발전에 따른 부작용으로 나타나는 문제일 뿐 아니라 다수의 사람에게 광범위하게 영향을 미치는 일종의 재난이기 때문이다. 이를 감당하고 극복하기 위한 개인의 능력이나 노력은 어느 정도 안전을 보장할 수도 있지만, 제도적인 뒷받침 없이는 무용지물이 될 때가 많다. 따라서 산업재해 해결을 개인의 노력에 기대려는 사회적 분위기를 만들기보다는 법 제도와 국가 정책 등 공적인 부분에서의 개입이 반드시 함께 따라와야 한다.

이러한 특징을 가장 잘 나타내는 지표가 경제 발전 정도에 따른 산업재해 발생 유형이다. 국가별로 어떤 산업재해가 얼마만큼의 빈도로 발생하는지 파악해보면 GDP가 적을 때와 많을 때 발생하는 사고의 유형에서 차이가 나타난다. 국가가 부유해질수록 그만큼 선례가 쌓이고 안전을 위한 비용을 더 투자할 수 있기 때문이다. 특히 우리나라보다 먼저 산업화를 시작한 국가일수록 안전 문제에 더 민감하게 대비하는 측면이 있다. 일례로 옆 나라 일본의 경우, 지진과 해일 피해가 많이 일어난다는 지리적인 특성에 중점을 두고 건설 안전 부분에서 철저한 대비를 해오고 있다.

문제는 선진국 대열에 들어선 우리나라에서 여전히 '후진국형 사고'가 유난히 많이 일어난다는 데 있다. 건축 현장에서 떨어져 사망하거나 기계에 끼여서 사망하는 등의 사고는 기본적인 안전장치를 등한시하고 한국 사회 특유의 '빨리빨리 문화'에만 초점을 맞춰 노동자의 안전권을 제대로 지키지 못해 일어나는 사고다.

이러한 사고를 사전에 방지하기 위해 「산업안전보건법」을 제정하고 수차례 개정해왔으며, 오랫동안 미뤄왔던 「중대재해처벌법」도 2022년 제정, 2023년 시행되면서 상황이 조금씩 나아지고 있지만, 여전히 갈 길이 멀다. 그렇다면 우리나라에서는 지금까지 어떻게 안전권이 발전하게 되었을까? 그 과정을 간단히 짚어보자.

02

대한민국 재난 보고서

'안전을 보장받을 권리'의 등장

우리나라에서 업무상 사고나 직업병으로 인한 산업재해
는 이미 근대 이후, 특히 일제강점기에 산업화가 시작되면
서 그에 대한 산물로 빈번하게 발생했다. 초기에는 이를 개
인의 책임으로 봤지만, 해방 후 1960년대에 산업화의 속도
가 빨라지면서 재해를 입는 근로자가 속출하자 이 문제를
해결하기 위한 본격적인 논의가 시작되었다.

산업재해 예방을 위한 제도적 체제는 1960년대부터 하나씩 마련되었다. 1961년에는 「근로보건관리규칙」이, 1962년에는 「근로안전관리규칙」이 각각 제정되어 안전·보건 관리 업무의 틀이 마련되었고, 1963년 3월에는 광산근로자의 안전을 규정하는 「광산보안법」이, 같은 해 11월에는 「산업재해보상보험법」이 제정되었다.

이후 1980년대 들어 형식적으로나마 예방 대책들이 마련되기 시작했다. 경제가 고도 성장기로 접어들면서 사업장의 기계설비가 대형화되고, 건설 공사 역시 규모가 커지면서 중대 재해가 급격하게 늘어났다. 생산 과정에서 막대한 양의 유해물질을 사용함으로써 새로운 직업병이 발생하는 등 빠르게 변화하는 산업사회에 대응할 필요가 생겨났다. 이 때문에 「근로기준법」에서 산업 안전·보건을 분리해 독립된 법률로 제정해야 한다는 주장이 제기되었고, 1981년 12월 마침내 「산업안전보건법」이 제정되었다.

그러나 이 시기에 만들어진 산업 안전·보건 제도는 산업재해 문제를 정부와 기업들이 이제 막 문제로 인식하는 수준에 머물면서 제대로 된 내용을 갖추지 못한 '위로부터의' 시민권 기획이었다는 평가를 받는다. 이는 정치적으로 혼란했던 시기에 노동조합 운동이나 노동 안전·보건 운동이 취약했고, 사실상 존재할 수 없었던 데 따른 것이었다. 이후 1987년 노동자 대투쟁을 계기로 민주노조 운동이 자연스럽게 생겨났고, 특히 1988년 문송면 군 사건을 계기로 전문 보건의료인의 주도 아래 상황이 달라지면서 '아래로부터의' 노동 안전 시민권을 형성해갔다.

이후 여러 보건단체의 관심 속에서 1991년에는 「산업안전보건법」이 새로운 내용으로 대폭 정비되었다. 노동조합 운동이 성장하면서 노동 안전·보건 운동은 '참여할 권리'에서 더 나아가 '행동할 권리'를 요구했고, 전문가들은 노동조합운동을 지원하기 위해 전문단체를 설립하며 독자적인 노동 안전·보건 운동 역시 정체성을 완성해나갔다.

그러나 1997년 경제위기 이후 노동시장이 유연화되고 노동조합에 대한 정부와 기업들의 반격이 심해지면서 노동조합 운동이 또다시 약화되었고, 그에 따라 노동 안전·보건 운동 또한 한계에 부딪혔다. 다만, 이러한 악조건에서도 노동 안전·보건 운동은 사회운동으로서 건강권을 보장하기 위한 변화의 단초를 마련했다. 그 과정에서 삼성 반도체 백혈병 문제를 해결하는 단체인 '반올림' 창설, 기업 살인법 제정 운동, 화학물질 감시네트워크 체제 구축 등을 시도하며 노동자 스스로 새로운 노동자 건강권 운동을 이끌어야 한다는 역할을 주도적으로 수행하였다.

안전권 인식의 변곡점, 문송면 군 사건

이처럼 우리나라에서 안전권에 대한 인식이 생겨난 것은 60여 년에 불과하다. 한국은 이후 수십 년간 2차 산업에 종사했던 노동자의 희생 덕분에 눈부신 경제 발전을 이룬 것과는 대조적으로 「근로기준법」과 같은 기본적인 노동법조차 제대로 지키지 않았다. 당연히 안전권이라는 개념은 탄생하기 어려웠다. 지금부터는 이러한 상황에서 어떤 계기로 안전권이 대두하게 되었는지 실제 산업재해 사례로 살펴보도록 하자.

온도계 工場근무 15세 소년

두 달 만에 水銀중독

위의 사진은 1988년 5월 11일 자 《동아일보》의 기사다. "온도계 공장 근무 15세 소년, 두 달 만에 수은 중독"이라는 헤드라인이 눈에 띈다. 이 사건은 우리나라에서 안전권을 이야기할 때 변곡점이 되는 가장 대표적인 사고인 '문송면 군 사건'이다.

이 사건이 일어나기 직전인 1980년대는 삼저호황(三低好況, 1980년대 중반 이후 전 세계적으로 저금리, 저유가, 저달러라는 경제 발전의 호재가 등장해 이후 3년간 연 12퍼센트의 경제 발전을 이룬 사건)으로 경제가 크게 발전했고, 덕분에 국민들은 우리나라가 빈곤 국가에서 벗어났다고 생각했다. 그러던 와중에 문송면 군 수은 중독 사건이 일어나 한국 사회를 큰 충격에 빠뜨린 것이다.

문송면 군은 1987년 12월에 중학교 졸업을 앞두고, 어려운 가정 형편에 보탬이 되기 위해 서울시 영등포구에 위치한 압력계기와 온도계 제조 업체인 협성계공에 취직했다. 이곳은 낮에는 공장에서 일하고 밤에는 학교에 다닐 수 있는 형태의 회사였다. 문 군은 그곳에서 매일 열한 시간씩 온도계에 수은을 주입하는 일을 맡았다. 그런데 일을 시작한 지 두 달 만에 전신마비, 언어장애, 뇌성마비 증상이 나타났다. 이후 여러 경로를 거쳐 서울대병원에서 정밀 검진을 받은 결과, 수은 및 유기용제인 시너(thinner) 중독이라는 판정을 받았고, 판정 후 두 달 만인 7월 2일에 결국 사망하고 말았다.

모두가 슬픔에 잠길 만큼 깜작 놀랄 만한 사건이었다. 그리고 이후부터 안전권과 건강권이라는 새로운 권리가 서서히 수면 위로 떠오르기 시작했다.

수백 명의 피해자를 낳은 대형 재해,
원진 레이온 사건

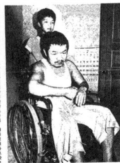

원진레이온, 이황화탄소 중독자 12명 발생

유해환경 놔두고 산재환자 강제 퇴사

언어장애·팔다리 마비…노동부는 팔짱만

이황화탄소 중독으로 온몸이 마비된 서용선씨가 큰아들 영실(14)군의 도움으로 겨우 휠체어에 올라 앉아 있다.

안전권을 중요한 권리로 인식하게 된 또 하나의 계기로는

앞의 사건과 같은 해인 1988년에 일어난 원진 레이온 사건을 들 수 있다.

기사 1988년 6월 18일 자 《한겨레신문》 기사를 살펴보자. 헤드라인에는 "유해환경 놔두고 산재 환자 강제 퇴사"라고 적혀 있다.

원진 레이온은 경기도 양주시에 위치했던 인조 견사 사업장으로, 1964년에 일본 도레이 레이온사에서 사용하던 6년 된 중고 기계를 들여와 1966년부터 본격적으로 제조에 투입했다. 인조 견사를 만드는 작업은 펄프에서 인조 견사를 추출하는 방식으로 이루어지는데, 그 과정에서 상당한 양의 화학 약품이 사용된다. 여기에서 유해 성분이 발생해 노동자의 건강에 문제를 일으킨다는 사실은 이미 일본에서 잘 알려진 상황이었고, 그 이유로 견사 기계를 폐기한 것이었다. 그럼에도 이 기계는 노동자를 보호하는 안전 설비를 추가하지 않은 채 한국에서 그대로 사용되었다.

특히 문제가 된 성분은 이황화탄소(CS_2)였다. 처음에는 근로자 가운데 열두 명가량이 이황화탄소에 중독된 것으로 나타났지만, 1994년 9월까지 모두 359명에 달하는 환자가 발생했고, 이후 원진 레이온에서 근무했거나 근무하고 있는 1만 8,000여 명 가운데 2,000여 명이 정밀 검진을 받았는데 그중 절반인 약 900명이 이황화탄소 중독에 따른 건강 문제가 있는 것으로 밝혀졌다. 이 사건 역시 대형 산업재해로 기록되면서 많은 사람이 경악했다.

이미 문송면 군 사건이 큰 파장을 일으킨 가운데 원진 레이온의 대형 참사까지 밝혀지자, 노동자의 안전권과 건강권은 국가적으로 중요하게 다뤄져야 할 문제로 인식되었다. 삶에는 어떤 사고로 죽거나 다칠 수 있는 위험, 질병에 걸릴 수 있는 위험이 늘 존재한다. 과학과 정보의 발달로 과거보다 자연재해에 노출될 위험은 줄었지만, 인구 증가와 산업화 등으로 경제 활동이 활발해지면서 사회재해로 불리는 비자연재해는 크게 늘어났다. 위험이 곁에 늘 존재한다는 것이 너무나 상식적인 상황이 되자 시민들은 불안에 떨 수밖에 없게 되었다. 그렇다면 이런 재해는 단순히 산업 시설에서만 발생하는 것일까?

당연히 그렇지 않다. 지금으로부터 1년도 채 되지 않은 2022년 10월, 이태원에서는 제대로 된 안전 조치 없이 무리하게 핼러윈 행사를 진행하다 159명이 압사하는 대형 사고가 발생했다. 10여 년 전으로 시간을 소급해보면 약 300여 명이 사망했지만, 여전히 사건이 제대로 규명되지 않은 세월호 참사, 1990년대로 거슬러 올라가면 삼풍백화점 붕괴 사고, 성수대교 붕괴 사고 등 수많은 사건 사고가 있었다. 이처럼 다양한 시민재해로 손꼽기도 어려울 만큼 많은 사람이 목숨을 잃었고, 일반 국민에게는 이것이 산업재해보다 더 큰 새로운 위협으로 다가왔다.

일상화된 위험, 시민재해

1990년대의 약 10년간 우리나라에서는 분야와 지역을 막론하고 온갖 대형 참사가 끊임없이 이어졌다. 거의 한 해도 거르지 않고 대형 참사가 발생해 시민들은 늘 긴장 속에서 서로의 안녕을 기원했다. 다음 표는 그러한 사건 사고 가운데 대표적인 사건들을 정리한 것이다.

1990년대에 우리나라에서 발생한 대형 참사		
시점	사건	사상자
1993년 1월	청주시 우암상가아파트 붕괴	사망자 29명, 부상자 48명
1993년 3월	부산시 구포역 무궁화호 열차 전복	사망자 78명, 부상자 198명
1993년 6월	경기도 연천 예비군 훈련장 폭발	사망자 20명
1993년 7월	아시아나항공 733편 목포 추락	사망자 66명, 부상자 40명
1993년 10월	서해훼리호 침몰	사망자 292명
1994년 10월	서울시 성수대교 붕괴	사망자 32명, 부상자 17명
1994년 10월	충주호 유람선 화재	사망자 25명, 부상자 33명, 실종자 1명
1994년 12월	서울시 아현동 도시가스 폭발	사망자 12명, 부상자 101명
1995년 4월	대구시 지하철 공사장 가스 폭발	사망자 101명, 부상자 202명
1995년 6월	서울시 삼풍백화점 붕괴	사망자 502명, 부상자 937명, 실종자 6명
1995년 8월	경기도 경기여자기술학교 화재	사망자 37명, 부상자 26명
1997년 8월	대한항공 801편 추락	사망자 228명, 부상자 26명
1998년 9월	부천 LPG 충전소 폭발	사망자 1명, 부상자 96명
1999년 6월	경기 화성군 씨랜드 청소년수련원 화재	사망자 23명
1999년 10월	인천 인현동 호프집 화재	사망자 57명, 부상자 80명

연쇄 참사의 시작인 1993년은 대형 참사가 특히나 빈번한 해였다. 청주에서 아파트 상가가 무너져 30명이 사망했

고, 부산시 구포역에서는 무궁화 열차가 전복되어 78명이 사망했으며, 또 같은 해에 예비군 훈련장에서 폭발 사고가 발생하며 20명이 사망했다. 아시아나항공 733편은 목포에서 추락했으며 서해훼리호가 침몰해 300명에 가까운 희생자를 발생시켰다.

그다음 해도 대한민국 재난 역사에서 빠질 수 없다. 1994년 10월, 성수대교가 무너지면서 무학여고에 재학 중이던 학생들이 등굣길에 희생당했다. 하루에도 수천, 수만 명의 사람이 아무런 의심 없이 몇 번씩이나 오가는 교각이 붕괴되자, 시민들은 큰 충격에 빠졌고 부실 공사라는 위험이 서서히 사회문제로 대두되기 시작했다.

이후에도 충주 유람선 화재, 아현동 도시가스 폭발, 대구 지하철 공사 폭발 등 수십에서 수백여 명에 이르는 사망자를 낸 대형 참사가 계속해서 발생했고, 1995년에는 급기야 대한민국 재난 보고서에서 첫손가락으로 꼽힐 만한 끔찍한 재난이 발생했다. 서울 강남 한복판에 자리한 고급 백화점이 단 몇 분 만에 무너진 사건, 바로 삼풍백화점 붕괴 사건이 발생한 것이다. 이 사고는 대한민국 국민 모두에게 충격을 넘어 경악으로 다가왔다.

삼풍백화점은 지상 5층, 지하 4층 구조로 된 건물이었다. 명품 브랜드가 다수 입점해 강남에 거주하는 주민들에게 큰 인기를 끌었다. 그런 대형 백화점이 단 몇 분만에 무너져내렸고, 500명이 넘는 사람이 사망했다. 백화점이 무너진 시간은 주부들이 저녁 식사 준비를 위해 장을 보는 오후 5시경이어서 더 많은 희생자가 발생했다.

이처럼 1990년대는 처참한 사고가 끝없이 이어진 안전 불감증의 시대였다. 사고가 발생한 직접적인 이유와 원인은 각각 달랐지만, 그 배경에는 우리 사회가 서구 선진 산업 국가에 비해 압축적으로 단시간에 산업화를 이루면서 수많은 구조물이 앞다투어 건축되었고, 매뉴얼을 벗어난 부실한 설계와 안전 진단의 부재라는 안이한 판단이 사고를 불러일으켰다는 공통점이 있었다. 실제로 이러한 대형 사고의 원인을 밝히는 과정에서 시공이나 감리에 문제가 있었다는 사실이 속속 지적되었다. 치명적인 문제가 밝혀져 형사처벌까지 이어진 사례도 있었다.

급격한 경제 성장이라는 홍수 속에서 안전을 지키기보다

는 무엇이든 빠르고 저렴하게 만들어야 한다는 사회적 압박이 대형 사고의 밑바닥에 깔린 원인이라는 반성적인 평가가 이미 30년 전부터 나오고 있었던 것이다.

2023년, '안전불감증 대한민국'은 어떻게 달라졌는가?

그로부터 30년이 지난 2023년은 어떨까. 과연 그때에 비해 많은 것이 바뀌었을까? 흔쾌히 고개를 끄덕이긴 어려울 것이다. 만약 현재의 대한민국이 대형 참사의 위험이 없는 안전한 국가라면 이 책을 쓸 이유도 없었을 것이기 때문이다. 지금도 수십에서 수백 명이 사망하는 대형 사고가 비일비재하게 발생한다는 사실은 누구나 알고 있다. 아직도 '안전불감증 대한민국'이라는 타이틀이 불명예스럽게 살아 있는 셈이다.

3년 전의 사례를 살펴보자. 2020년 이천의 한익스프레스 물류센터에서 화재가 발생했다. 이 사고로 다음 사진에

한익스프레스 이천 물류센터 화재 사고

서 보는 것처럼 건물이 전소하고 38명의 노동자가 숨졌으며, 10명은 중경상을 입었다. 사고 원인은 우레탄폼 작업과 화물 엘리베이터 용접을 동시에 진행하면서 불꽃이 우레탄폼에 옮겨붙은 것이었다. 산업 현장에서는 가연성이 높은 소재를 사용하는 작업과 화기를 사용하는 작업을 함께 진행하지 않는 것이 상식이다. 한익스프레스에서 사고가 일어났을 때는 이 기본적인 원칙조차 지켜지지 않았다.

더 심각한 문제는 화재가 났을 때 대피 경로가 제대로 확보되지 않았다는 점이다. 이 창고에서는 냉동 창고의 결로, 즉 내부에 물이 맺혀 어는 것을 방지한다는 명목으로 비상구 대피로를 폐쇄했다. 그러다 보니 화재 후 직원들이 탈출구를 찾지 못하고 우왕좌왕 헤매다가 더 큰 인명 피해로 이어졌다.

건물을 이런 식으로 지은 배경에 발주처에서 공사 기간을 단축하도록 압박했다는 정황이 발견되었다. 이 같은 인재(人災)는 비단 이천 물류센터 화재 사고에만 국한되지 않았다. 2022년 1월 발생한 광주 화정동 아파트 외벽 붕괴 사고 같은 경우에도 콘크리트를 타설(건물을 짓는 과정에서 거푸집과 같은 빈 공간에 콘크리트 시멘트를 붓는 일)하는 작업에서 공사 기간을 단축하기 위해 콘크리트가 완전히 굳지 않은 상태에서 건물을 올렸다는 의혹이 일었다. 결국 안전과 관련된 기본적인 기준을 무시한 채 공사를 진행했다는 비난은 피할 수 없게 되었다.

산업안전공단 홈페이지에는 산업 현장에서 발생하는 중대 재해가 매일 업로드된다. 다음 자료는 2023년 1월 5일

산업안전공단 홈페이지 내 중대 재해 리포트

사망사고 속보		국내 재해사례	

otal 1337 (1/134)   제목 ▼   내용을입력해주세요

번호	제목	작성자	등록일
공지	[필독] 「사망사고 속보」 게시물 관련 안내	중앙사고조사단	2022.08.04
1337	[1/4, 인천 서구] 슬러지 증발건조 작업 중 화재·폭발 NEW	중앙사고조사단	2023.01.05
1336	[1/3, 안산 상록구] 자재와 함께 뒤로 넘어짐 NEW	중앙사고조사단	2023.01.05
1335	[1/3, 화성 능동] 하강하는 운반구와 벽 사이에 끼임 NEW	중앙사고조사단	2023.01.04
1334	[12/30, 안산 단원구] 작업 중 개구부로 떨어짐(4.15m) NEW	중앙사고조사단	2023.01.03
1333	[12/28, 서울 관악구] 이동식 비계에서 떨어짐(1.2m) NEW	중앙사고조사단	2023.01.03
1332	[12/31, 화성 향남읍] 굴착기와 옹벽 사이에 끼임 NEW	중앙사고조사단	2023.01.02
1331	[12/30, 서울 서초구] A형 사다리에서 작업 중 떨어짐(2m) NEW	중앙사고조사단	2023.01.02
1330	[12/30, 울산 온산읍] 전신주 위에서 접지선 연결 작업 중 떨어… NEW	중앙사고조사단	2023.01.02
1329	[12/29, 전주 연산구] 외줄 비계에서 떨어짐(4m) NEW	중앙사고조사단	2023.01.02
1328	[12/27, 인천 운서동] 토잉카 바퀴에 깔림	중앙사고조사단	2022.12.27

에 캡처한 것이다. 몇 가지 사고를 훑어보자. 1월 3일에는
노동자가 이동식 비계에서 떨어져 사망하는 일이 발생했
다. 비계란 건물을 세울 때 작업자가 외벽에 매달려 작업할

수 있도록 난간 옆에 설치하는 가설물로, 높은 데 설치해 상당히 위험한 구조물인 데 비해 안전성은 떨어지는 편이다. 2022년에 산업재해로 사망한 약 850명을 분석한 결과, 산업 분야별로 가장 높은 비율을 차지한 것은 건설업, 그중에서도 비계 추락 사고가 가장 많았다. 그 외에도 전신주에 접지선을 연결하다 떨어진 사고, A형 사다리에서 작업 중에 떨어진 사고, 굴착기 옹벽 사이에 끼인 사고 등이 속보로 올라와 있다.

지금까지 앞에서 나열한 사고는 단 일주일이라는 짧은 시간에 일어난 일들이다. 선진국이라는 대한민국에서 그저 일상적으로 일을 하다 사망하는 사람이 이렇게나 많다는 사실이 놀랍지 않은가? 1980년대 후반 산업재해에 대한 인식이 생겨난 후, 끔찍했던 1990년대를 지나고 수십 년이 흐른 지금까지도 사실상 달라진 것은 거의 없다. 이것이 우리가 여전히 안전에 대해 공부해야 하는 이유다.

03

안전권은 기본권이다

국가가 국민을 보호해야 한다는 의무의 탄생

안전권이란 개념이 어떻게 탄생하게 되었는가를 알아보기 위해서는 먼저 국가가 탄생한 목적이 무엇인지를 살펴봐야 한다. 왜 사람들은 한데 모여서 국가라는 하나의 공동체, 정치 집단을 만들게 되었을까? 그리고 국가는 왜 국민을 안전하게 보호해야 할까? 오래전부터 수많은 철학자가 자연 상태에 놓여 있던 사람들이 어떻게 국가를 만들게 되었는지에 대한 여러 가지 이론을 제시했다. 그리고 국민의 안전 보장이 국가 존립을 정당화한다는 것을 근거로 이론을 발전시켜왔다.

그중에서도 17~18세기에 활동한 토머스 홉스, 존 로크, 장 자크 루소와 같은 철학자들은 국가의 성립 요건을 자연 상태의 인간과 맺은 계약이라고 보는 '사회계약론'을 주장했다. 국가가 생겨나기 이전부터 자연 상태의 인간에게는 생명·자유·재산을 지킬 자연법상의 권리가 있었으며, 이를 보장받기 위해 계약이라는 수단으로 국가를 만들었다는 것이다.

특히 홉스는 이 이론을 바탕으로 자신의 저서 『리바이어던』에서 "(자연 상태의 인간은) 만인의 만인에 대한 투쟁이다."라는 유명한 말을 남겼고, 루소는 자신의 이론을 집대성해 『사회계약론』이라는 책을 집필했다. 이러한 이론은 국민의 안전을 보장해주는 대가로 국가에 독점권을 부여하는 법적 근거가 되었다.

또한 자본주의 체제가 정립될 무렵, '노동'을 상품으로 여기게 되면서부터 노사 관계에도 자유로운 거래에 관한 민사법을 적용할 수 있다고 생각했다. 자본주의 초기에 노동은 상품법(商品法) 또는 물권법(物權法)의 대상이었다. 상품법이 지배하던 당시에 법을 만드는 사람들은 인간이 노동력의 주체이자 법적인 이익의 주체라는 사실을 전혀 인식하지 못했으며 인식하려고 하지도 않았다. 마치 과거 계급사회에서처럼 근로관계를 노예 임차 또는 용역 임차의 관계로 파악했고, 물건을 빌리는 데 적용되는 법 규칙을 근로관계에도 동일하게 적용했다.

그 결과 근대 민법은 유산 계급에는 무한한 자유를 주었지만, 무산 계급은 되레 법으로 구속하는 굴레가 되었다. 생산수단이 기계화되면서 근대 산업사회는 근로자의 장시간 근로, 저임금, 비위생적인 작업환경 등 열악한 근로 환경에 기대면서 비약적으로 발전했고 동시에 근로자의 건강을 침해하는 산업재해가 발생할 가능성을 더욱 높였다. 사용자에게 종속되고 위험한 기계 앞에 노출된 노동자는 더 이상 자신의 안전을 책임질 수 없었다.

이러한 자본주의의 모순이 드러나면서 사적 자치의 원칙이 근로자의 생존을 위협하자 노동법은 새로운 법 체제로서 등장하게 되었다. 가장 먼저 노동법은 노동자의 신체를 보호하는 법으로 발전했다. 산업재해의 위험이 개인적 위험으로서 개인적 책임의 영역이라는 관점에서 벗어나, 구조적 원인에서 비롯된 '사회적 위험'으로서 사회적 책임의 영역이라는 인식이 자리 잡았고, 사용자의 일을 근로자가 대신 맡을 때는 일정한 안전상의 의무를 지도록 했으며 노동자에게 일어나는 사고에 대해서도 책임지도록 했다.

이와 함께 국제적으로도 안전권을 인정하려는 시도가 계속해서 이어졌다. 국제 인권 문서에서는 인간의 안전을 하나의 기본권, 즉 태어날 때부터 받은 자연적인 권리로 명시하고 있다. 제2차 세계 대전이 끝나고 1948년 12월 10일 파리에서 열린 제3회 국제 연합 총회에서 채택된 인권에 관한 선언인 '세계 인권 선언'이 대표적인 사례다. 이 문서의 3조에는 "모든 사람은 생명과 신체의 자유와 등가의 안전에 대한 권리를 갖는다."라고 쓰여 있다. 1966년에 채택되고 우리나라에서도 비준한 '시민적 및 정치적 권리에 관한 국제규약' 9조 1항에도 "모든 사람은 신체의 자유와 안전에 대한 권리를 가진다."라고 명시되어 있다.

안전권은 이제 헌법에 기초한 기본권이 되었다. 우리나라의 현행 헌법 전문(前文)에는 "대한국민은 우리들과 우리들의 자손의 안전과 자유와 행복을 영원히 확보할 것을 다짐한다"고 규정해 안전이 헌법상 중요한 목표임을 선언하고 있다.

아울러 우리나라에서 「중대재해처벌법」을 만들 때 참고한 영국의 「기업과실치사 및 기업살인법」 역시 눈여겨볼 만하다. 이 법 역시 오랫동안 몸살을 앓은 끝에 제정되었다. 영국은 산업혁명의 발상지이고, 따라서 안전과 관련된 개별적인 법령들이 가장 먼저 만들어졌다. 하지만 오랫동안 노동자의 안전을 철저하게 보장해주지 않아 1970년에는 2년간의 연구 끝에 '로벤슨 보고서'를 발표해 중대 재해를 줄이는 데 노력을 기울였다. 이를 바탕으로 개별 기업이 자율적으로 안전한 기업 문화를 개선할 수 있도록 계도했다.

영국이나 일본처럼 우리나라보다 선행해서 산업화를 겪었던 선진국들은 노동자의 안전 문제를 해결하는 데 최소 100년 이상의 긴 시간을 투입했다. 반면 우리나라는 불과 50년도 채 되지 않는 짧은 기간에 이 문제를 풀어야 했기 때문에 급한 숙제가 되어버렸다. 이러한 연장선에서 '지금 대한민국은 안전이라는 책무를 다하고 있는가?'라는 질문을 던지게 된 것이다.

이처럼 인간의 안전권은 여러 선언과 법 체계에 성문화되어 기본권으로 인정받고 있다. 다만 현실에서 이것들이 가능한지 의문을 제기하게 되는 현실이 지금 우리 눈앞에 펼쳐진 과제다.

영국의 「기업과실치사 및 기업살인법」이란?

그렇다면 앞서 잠시 언급한 「기업과실치사 및 기업살인법」을 살펴보며 법적인 제도를 어떻게 발전시켜야 하는지 참고해보자.

영국에서도 19세기 중반까지 범죄는 자연인, 즉 권리의 주체가 될 수 있는 인간만이 저지른다고 생각했다. 이러한 경향은 19세기 중반부터 변화되었다. 영국에서는 19세기 중반부터 '엄격책임범죄(strict liability crime)'에 대해서는 개인뿐 아니라 법인이나 단체 등에 대해서도 형사책임을 부과할 수 있게 되었다. 엄격책임범죄란 고의 여부와 상관없이 피해라는 결과만으로 범죄가 성립하는 것을 말한다. 이런 범죄가 기업에서 발생했을 경우, 범죄 행위가 존재하고 기업이 범죄를 일으킨 사람에게 일정한 권한을 부여했거나 그가 피고용인이라는 점이 인정되면 기업을 형사처벌할 수 있다.

그러나 이 같은 엄격책임범죄는 예외적인 경우이며, 대부분의 범죄에서는 고의인지 실수인지 여부를 따지므로 이를 적용할 수 없다는 한계가 있었다. 이 같은 단점을 극복하기 위해 영국에서는 1944년부터 판례로 '동일성 원리(principle of identification)'가 채용되기 시작했다. 동일성 이론이란 기업의 구성원을 '머리'와 '손발'로 구분하고, '머리'에 해당하는 사람, 즉 기업의 경영진은 독자적인 판단에 따라 행동하므로 이들의 행위를 기업의 행위로 보고 기업을 형사처벌할 수 있다고 본 것이다. 반면, '손발'에 해당하는 구성원의 범죄 행위에는 동일성 이론이 적용되지 않는다고 보았다.

이처럼 동일성 이론은 경영진의 범죄 행위를 기준으로 기업을 처벌할 가능성을 열어두었으나 이는 현실에서 매우 예외적인 상황이라는 한계가 명백했다. 특히 대기업은 기업의 활동이 분업화되어 있고, 경영진은 주로 큰 틀에서만 의사결정에 관여하므로, 구체적인 법 위반은 중간 간부나 직원이 발생시키는 경우가 많다. 이럴 때는 '손발'의 행위를 이유로 기업에 형사책임을 물을 수 없다는 한계가 있었다.

실제로 영국에서도 1980년대 중반까지 기업에 살인죄를 적용하는 문제는 이론에 불과했고, 실제로 적용된 예는 없었다. 그러나 1980년대 후반, 기업의 과실로 수많은 인명 피해가 발생하고 대규모 공공재해가 연이어 발생하자 기업의 형사책임에 대한 사회적 관심이 매우 높아졌다. 더욱이 1983년부터 10년간 근로 중에 사망한 사람은 5,774명, 1992~1993년도에는 1년간 379명이 사망하는 등 노동 현장에서 산업재해 문제가 심각해지면서 1980년대 후반에는 기업에 살인죄를 적용하는 문제가 주목받게 되었다.

이런 분위기에서 1987년 3월, 여객선 헤럴드 오브 프리 엔터프라이즈(Herald of Free Enterprise)호가 뱃머리의 선수문을 연 채로 벨기에의 제브뤼헤 항구를 떠난 지 얼마 되지 않아 침몰하는 사고가 발생해 승객 459명 승객 중 193명이 사망하고 네 명이 실종되었다. 조사 결과 사고의 직접적 원인은 선수문을 관리하는 부갑판장과 일등항해사의 업무 태만이었지만, 오래전부터 페리스사의 안전관리 체계가 전반적으로 미흡했던 것으로 밝혀졌다. 이 때문에 선원과 페리스사의 이사들은 물론 회사에 대해서도 살인죄를 적용할 수 있는지가 논의되었으나, 결국 회사에는 아무런 형사책임을 묻지 않은 채 사건이 종결되었다.

이로써 영국에서는 동일성 이론의 한계를 극복하고, 위험관리를 제대로 하지 못해 사망 사건이 발생한 경우, 해당 기업에 적극적으로 중과실치사죄를 적용해 처벌하기 위한 새로운 입법이 필요하다는 주장이 확산되었다.

그 결과물로 2007년 「기업과실치사 및 기업살인법(Corporate Manslaughter and Corporate Homicide Act 2007)」이 제정되어 2008년 4월 6일부터 시행되었다. 이 법률은 전체 29개 조와 부칙 2개 조로 구성되어 있으며, 영국 전역에 적용되었다.

이 법으로 기업을 비롯한 법인, 중앙정부, 경찰서, 노동조합 또는 사용자단체 등의 조직이 일으킨 사망재해에 대해 형사책임을 강하게 물을 수 있게 되었다. 제1조는 기업 등이 '운영되고 조직되는 방식'이 실패해 누군가 사망하는 결과가 발생하고, '고위 경영진'에 책임을 물을 수 있다면 기업이 피해자에 대한 주의의무를 중대하게 위반했다고 보고 해당 기업을 처벌한다고 규정하고 있다. 여기서 '운영 실패'란 기업 내부에 적절한 안전관리 시스템이 마련되어 있는지 여부 또는 기업이 사업을 수행하는 과정에서 발생할 수 있는 위험을 적절히 관리했는지 여부가 문제다. 경영자 개인에게 중과실치사죄가 인정되는 것과는 상관이 없으며, 기업의 경영 방식 실패로 주의의무를 위반하고 그로 인해 사망이라는 결과가 나타났다면 기업에 형사책임을 물을 수 있도록 규정했다.

이 법은 기업이 재해예방과 산업안전보건 관련 법들을 위반하지 않는 데 크게 기여했다는 평가를 받는다.

산업재해를 넘어 시민재해를 눈여겨볼 때

이처럼 외국에서도 산업재해뿐 아니라 공공에 해를 끼치는 재해까지 폭넓게 사회와 기업의 책임을 강조함으로써 시민의 안전을 지키는 데 기여했다. 우리나라에서도 앞서 살펴본 것처럼 삼풍백화점 붕괴 사고, 성수대교 붕괴 사고, 서해훼리오 침몰 사고 등 노동자뿐 아니라 일반 시민 역시 재해를 당하는 주체가 되는 일이 빈번하게 발생했다. 일반 시민도 언제, 어디서든 미처 예상하지 못한 위험에 맞닥뜨릴 수 있는 것이다. 이처럼 시민이 사고 피해의 당사자인 사건을 '시민재해'라고 한다.

우리나라 헌법에서는 일반적인 시민의 안전권 이외에도 근로상의 안전권을 좀 더 정확히 명시하고 있다. '일할 자리에 관한 권리'만이 아니라 '일할 환경에 관한 권리'도 함께 규정하고 있고, 후자는 인간의 존엄성에 대한 침해를 막기 위한 자유권적 기본권의 성격도 갖고 있어 '건강한 작업 환경을 요구할 수 있는 권리' 등도 당연히 포함된다. 하지만 여기에서 더 나아가 구체적으로 '시민의 안전을 추구할 권리'도 강조하고 있다.

헌법 제34조 제6항에는 "국가는 재해를 예방하고 그 위험으로부터 국민을 보호하기 위해 노력해야 된다."라고 규정하고 있다. 헌법에서 국민의 권리로 안전권을 명시하고, 국가는 이에 대한 책임을 다해야 할 의무가 있다고 문서화한 것이다. 즉, 다시 말해서 국가는 국민의 안전을 보장하기 위한 제도를 만들고 이를 지켜야 할 의무가 있다.

그렇다면 안전이란 무엇일까? 안전이라는 말의 사전적 의미는 "위험이 생기거나 사고가 날 염려가 없음. 또는 그런 상태"라고 정의한다.

이러한 사전적 정의를 굳이 거론하지 않아도 사실 안전이라는 개념을 모르는 사람은 없다. 이것은 삶에서 자유를 누리기 위한 전제조건이므로 누구나 아주 어린 시절부터 공교육과 가정 교육을 통해 안전에 관한 지침을 배우기 때문이다.

누군가의 안전이 위협받는 상황은 곧 자유에 대한 침해를 뜻한다. 그러므로 안전권은 생명과 신체의 자유를 누리기 위한 필수불가결한 기본권이며, 이는 다른 기본권에 우선하는 가장 기초적인 권리다. 누구도 여기에서 소외되어서는 안 되며 침해당해서도 안 된다.

안전권을 보장하기 위해 우리나라에서도 안전·보건 관리와 관련한 여러 가지 법 체계가 마련되었다. 그러나 법을 제정 혹은 개정하는 과정에서 기업의 이익과 맞부딪히면서 순조롭지 못한 과정을 거치고 있다. 특히 2016년 5월 구의역 스크린도어 사망 사고 이후 하도급 노동자를 보호하기 위해 「산업안전보건법」 개정안이 발의되었으나, 기업들의 반발로 개정되지 못했다. 이후 2018년 고 김용균 씨 사건을 계기로 「산업안전보건법」 개정의 여론이 다시 높아졌고, 유해·위험 작업의 도급 제한, 원청의 책임 강화 등을 핵심으로 한 「산업안전보건법」 개정안이 2018년 12월 27일 국회를 통과했다.

그러나 이러한 개정법 시행을 위한 대통령령이 입법예고되자 '김용균 없는 김용균법'이라는 비판이 나왔다. 위험의 외주화를 막는다는 법의 취지가 퇴색되었다는 것이다. 고 김용균 씨가 수행한 발전소 운전·점검 업무는 도급금지 대상도, 승인 대상도 아니고, 건설 현장이나 조선소 등 중대

재해가 빈번하게 발생하는 사업장에서 수행되는 업무 중 상당 부분도 마찬가지였기에 '김용균 없는 김용균법'이라는 실망은 '중대재해기업처벌법 제정 운동'으로 이어졌다.

2022년 1월 27일에 입법되어 2023년부터 시행 중인 「중대재해특별법」 역시 제정되기까지 우여곡절이 많았다. 20대 국회에서 한 차례 발의되었으나 제대로 논의되지 못한 채 20대 국회가 끝나면서 자동 폐기되었고, 21대 국회에서도 본회의에서 통과될 때까지 다양한 이해 관계자들이 이 법의 필요성에 의문을 제기하며 논의가 길어졌다. 특히 기업에서는 이 법이 재산권에 대한 과도한 제한이며 기업을 옥죄는 도구가 될 것이라고 주장하며 입법을 반대했는데, 기본권이라는 관점에서 들여다보면 어느 주장에 더 무게를 두어야 하는지가 명확해진다.

한편, 2019년 전면 개정된 「산업안전보건법」은 기업 처벌이라는 측면에서 종전에 비해 크게 개선되었지만, 대기업일수록 의사결정 구조가 복잡하므로 행위에 대한 책임을 개인에게 묻기가 어렵다는 한계는 여전하다. 이에 사업주, 법인 또는 기관 등이 운영하는 사업장 등에서 발생한 '중대

산업재해'와 공중이용시설 또는 공중 교통수단을 운영하거나 위험한 원료 및 제조물을 취급하면서 안전·보건 조치 의무를 위반해 인명사고가 발생한 '중대시민재해'가 발생한 경우 개인사업주 또는 법인 등의 경영 책임자 등과 그 법인 등을 처벌함으로써 근로자와 시민의 안전권을 확보하고, 중대 재해를 사전에 방지하려는 취지에서 「중대재해처벌 등에 관한 법률」이 생긴 것이다.

기업이 사업을 운영하면서 갖는 권한은 경영권 혹은 재산권이지만, 생명이나 신체를 침해당하는 것은 안전권, 즉 기본권이다. 두 가지 이익이 충돌하면 어느 쪽에 더 큰 가치를 부여해야 하는지는 명백하다. 우리는 학교에서 사람 한 명의 목숨은 지구만큼 중요하다고 배운다. 비유적인 표현으로 한 명의 사람은 작은 우주와 같다고도 말한다. 문학적인 표현이지만, 그만큼 사람의 생명과 신체에 대한 가치는 영리 활동을 위해 자리를 내어주면 안 되는 것이다. 인간의 존엄에는 그 무엇과도 바꿀 수 없는 고유한 가치가 있기 때문이다.

반응하지 않은 사회와 무능한 대처의 콜라보

우리 사회에서 기본권인 안전권이 보장받는 길은 여전히 요원하다. 나는 이에 대해 조금 거칠지만 '반응하지 않은 사회와 무능한 대처라는 최악의 결합'이라고 표현하고 싶다. 지금까지 대한민국 사회에는 안전보다 더 중요하게 여겨지는 가치가 존재했다. 이를 손에 넣기 위해 그 외에 인간으로서 마땅히 누려야 할 가치들은 무시되기 일쑤였다. 그 배경에는 누차 말한 것처럼 산업화가 있다.

한국 사회는 수십 년이라는 짧은 시간에 급속하게 산업화를 이루었다. 전후(戰後)였던 1950년대와 무너진 국가를 재건했던 시기인 1960년대는 다른 어떤 나라와도 비교할 수 없을 정도로 비참한 아주 보통의 빈곤 시대였다. 그리고 60년이 지난 지금, 상황은 크게 달라졌다.

가장 대표적인 경제지표인 1인당 GDP만 봐도 1969년 200달러에서 2022년 34,994달러로 무려 127배가 증가했다. 지금은 어느 나라와 비교해도 가난하지 않은 소위 부자 나라가 되었다.

하지만 그렇게 짧은 시간에 산업화와 경제 성장을 이루면서 한국 사회 특유의 빨리빨리 문화가 생겼다는 사실은 부정할 수 없다. 기업이 우리나라의 경제 성장에 기여한 점을 경시하는 것은 아니다. 다만 기업 활동을 하는 과정에서 일어나는 산업재해와 크고 작은 시민재해에 대해 책임을 지지 않는 태도는 반성해야 한다는 것이다.

이윤 추구가 사업의 제일 목표인 기업 입장에서는 발생하지 않은 산업재해를 예방하기 위해 사고를 예측하고 면밀히 검토하면서 재화를 투자하기보다는 산업재해 발생 이후에 처리 비용을 부담하는 것이 간편하고 익숙하다. 대표적으로 가습기 살균제 사건을 일으킨 대형 화학업체는 의사결정 과정에서 영리적인 목적, 즉 어떻게 하면 돈을 벌 수 있는지에 치우친 생각 때문에 기업 활동이 사회에 미칠 수 있는 영향을 가볍게 무시했다.

기업에서 생산된 물건을 구매하는 소비자, 기업을 위해 재직하는 노동자의 안전과 생명을 경시하는 풍조도 여전히 만연하다. 기업이 단기적 이익 극대화를 추구하다 보면 자연스럽게 장기적·비재무적 목적의 비용은 최소화하게 되는 것이다.

산업재해가 발생했을 때 그에 합당한 처벌이 경미한 것도 큰 문제다. 몇 차례 사고를 겪은 기업들은 잘못에 따른 대가가 사고를 예방하는 비용보다 훨씬 싸다는 것을 알게 되었다.

따라서 기업은 재해가 발생했을 때 사후 처리 목적으로 적은 금액의 벌금을 물거나 중간 관리자에게 책임을 뒤집어씌워 또 다른 피해자를 발생시키는 방식으로 문제를 처리하고 있다.

하지만 이런 방식의 해결은 기업 입장에서 눈앞의 큰 비용은 회피할 수 있을지언정 완전히 사라지는 것은 아니다. 기업이 책임지지 않은 비용은 다른 곳에서 책임져야 하기 때문이다. 어디일까? 바로 모든 사람이 함께 살아가는 사회다. 개별 기업의 활동으로 인해 문제가 발생하면 그 기업이 안전에 대한 비용을 감당해야 하는데, 기업의 책임 회피 탓에 이 비용이 국민 전체의 비용으로 전가되는 셈이다. 이제 우리는 '조직과 사회가 궁극적으로 돈과 시간과 노력을 들여야 할 곳이 어디인가?'에 대해 진지하게 고민해봐야 한다.

위험을 방지하는 비용은 정말 비효율적일까?

마지막으로 관점을 바꿔서 위험 회피에 대한 비용을 조금 더 깊게 들여다보며 1장을 마무리하려고 한다.

지난 수년 동안 ESG(Environment, Society, Governance의 머리글자를 따서 만든 새로운 기업 경영 가치. 기업은 환경과 사회, 지배구조를 고려한 경영 방식을 채택해야 한다는 의미)라는 기업 경영 트렌드가 새롭게 떠오르고 있다. 이는 10~15년 전쯤 유행한 '사회적 책임'이라는 말과도 일맥상통한다. 이런 가치들은 기업이 발생시킨 중대한 재해 때문에 막대한 인명 피해가 발생하고, 국제사회 차원에서 지속 가능성을 고려해야 한다는 주장이 대두되면서 등장했다. 일례로 1987년 세계환경개발위원회가 발간한 〈우리 공동의 미래(Our Common Future)〉에 실린 '브룬트란트(Brundtland) 보고서'에서는 "지속 가능한 개발이란 미래의 세대가 그들 자신에게 필요한 것을 충족시킬 수 있는 능력을 해치지 않고 현세대의 필요를 충족시키는 것"으로 정의하면서, 지속 가능한 개발의 중요성을 강조하기도 했다. 이것은 지속 가능성에 대한 최초의 공식적인 정의라고 알려져 있다. 이 보고서에는 개인과 정부뿐만 아니라 기업도 환경문제에 대한 이해와 참여 수준을 높여야 할 대상으로 명시했다는 점에서 이를 기업 ESG 활동의 시작점으로 평가할 만하다.

복잡하고 긴 설명과 달리 ESG란 어려운 개념이 아니다. 어떤 사회적 사건이 발생했을 때, 사용자들이 상품이나 서비스의 구입을 거부하는 쟁의행위, 즉 불매 운동 역시 ESG의 연장선이다. 불매 운동의 역사는 상당히 오래되었다. 몇백 년 전 영국에서는 세계 최초의 불매 운동이 일어났는데, 주부들을 중심으로 노예가 생산한 비윤리적인 설탕을 소비하지 않겠다는 보이콧 움직임이 나타난 것이다. 이는 마치 현대의 공정 무역과 같은 흐름으로, 아동 노동을 착취해서 생산한 축구공이나 원두로 만든 커피는 마시지 않겠다는 것과도 같은 맥락이다. 이러한 불매 운동은 기업의 영리 활동에 치명적인 영향을 미치며 해당 기업의 경영 방식이나 사회 분위기를 바꾸는 유의미한 결과로 이어진다.

이를 산업재해와 연결한 최초의 사건이 바로 2022년에 발생한 파리바게뜨 불매 운동이다. 이 사건은 뒤에서 더 구체적으로 다루겠지만, 노동자가 업무상 재해로 사망한 사건이 불씨가 되어 불매 운동이라는 시민 행동으로 이어진 사례는 이것이 처음이었다. 소비자들은 파리바게뜨의 모회사인 SPC의 계열사와 SPC의 원료를 공급받는 업체까지 리스트를 만들어 광범위한 불매 운동을 벌였다. 이런 시도가 있었다는 것만으로도 소비자나 시민 의식이 이전에 비해 훨씬 더 높아졌다는 방증일 것이다. 물론 파리바게뜨는 리테일 기업이므로 소비자가 행동하는 데 직접 영향을 미쳤다. 가장 많은 산업재해가 발생하는 건설업이나 중공업과 같은 업종에서 불매 운동이 기업의 경영 성과에 곧바로 영향을 미치는 경우는 많지 않다. 그럼에도 이러한 움직임이 반복된다면 기업들 역시 소비자를 의식하지 않을 수는 없을 것이다.

현대사회에서 재화와 서비스를 생산하는 주체는 영리 기업, 즉 영리 법인이 담당하고 있다. 기업이란 영리 목적으로 투자를 받고 거대 자본으로 생산 활동을 하는 단체라는 의미다. 그렇다면 기업은 누구를 위해 존재하는 걸까? 서구 사회에서도 2000년대 전까지 기업 경영은 주주 자본주의에 기초한다는 관점이 강했다. 기업의 존재 목적은 사회적 책임을 지는 것이 아니라 주주의 부를 증대시키는 것이므로 기업의 이익을 높여 배당을 많이 해야 한다고 주장했다. 사회적 책임은 주주 개인의 몫으로 돌렸다.

기업의 존재 목적을 오로지 재무적 성과를 극대화하는 데 초점을 맞추다 보니 안전 문제는 지나치게 도외시하게 되었다. 이런 것들이 쌓이면서 안전이라는 문제에 큰 위협이 되었고, 이에 대한 대안으로 단순히 주주의 이익뿐 아니라 이해관계자의 전반적인 이익까지 고려해야 한다는 목소리가 등장하게 된 것이다. 여기에서 이해관계자에는 소비자, 노동자, 지역사회가 모두 포함된다.

이제 기업의 투자 지침이나 경영 방식은 환경, 사회, 지배구조를 모두 고려한 국가 정책적인 차원에서 다양하게 논의되어야 한다. 한국거래소는 ESG 경영 공시를 하도록 의무화했다. 기업의 장기적인 지속 가능성을 위해 그동안 중점을 두어왔던 재무적인 요소 이외에 고려해야 할 비재무적인 가치들을 고려할 필요가 있다는 것이다. 국부펀드나 연기금을 활용해 어떤 회사에 투자를 결정할 때, 이제는 그 회사가 탄탄한 재무 구조를 갖고 있는지 뿐 아니라 환경과 사회와 거버넌스라는 가치 측면에서 좋은 회사인지도 함께 들여다보게 될 것이다.

물론 ESG 경영에도 다양한 관점이 존재한다. 'ESG가 현실적으로 가능할까?', '실제로 친환경적인 영향은 미미하지만, 마치 친환경 경영을 하는 것처럼 홍보하는 그린워싱(Green Washing) 같은 새로운 눈가림식 경영 아닐까?' 하는 반론도 만만치 않다. 하지만 인류 공동체의 지속 가능한 발전을 위해 기업이 주주 자본주의를 넘어서 다양한 이해관계자를 포용해야 한다는 철학만큼은 긍정적으로 평가해야 한다. 자본주의가 장기적으로 계속해서 발전하기 위해서는 기업과 관련된 이해관계자 모두를 고려하는 방식으로 새롭게 기업 운영을 바꿔나가야 한다는 것이다.

이제 답은 하나다. 안전의 방향은 명백하다. 어떤 가치를 우위에 둘 것인가는 기업 경영에서 빠져서는 안 되는 중요한 문제다. 지금까지 한국 사회가 빠른 경제 성장, 효율성 등에 높은 가치를 부여해왔다면 앞으로는 그보다 못지않은 수준으로 중요한 안전이라는 개념에 더 큰 방점을 찍어

야 한다. 위험이 없음, 위협으로부터의 자유로움에 중요한
가치를 두고 사회 제도를 설계할 때 우리 사회는 더 나은
방향으로 움직일 수 있게 될 것이다.

2강

위험을 방치하지 않을
의무

우리 눈에 띄는 중대 재해, 사망 사고는 어느 날 갑자기 아무런 전조 없이 저절로 터지지 않는다. 대형 산업재해가 일어나기 전에는 이를 예방할 수 있는 300번의 기회가 있다.

01

우리가 잊고 있던 기본권
: 안전권

산업재해와 주식회사의 밀접한 관계

1강에서는 대한민국이 역사적으로 왜 안전하지 못한 사회가 되었는지, 그리고 안전권이라는 개념이 어떻게 생겨났는지를 전반적으로 살펴보았다. 또한, 기업 운영에서 ESG를 비롯한 사회적 책임이 안전이라는 연장선에서 왜 중요한지도 함께 알아보았다.

산업재해, 시민재해 등 참사와 관련된 문제에서 기업은

도덕성과 사회적 책임으로부터 자유로울 수 없다. 기업 운영은 일자리를 창출하고 경제 활동을 촉진함으로써 사회적 이익을 높이고, 국가의 경제를 발전시킨다는 긍정적인 측면을 분명 가지고 있다. 산업재해를 논의한다고 해서 기업 활동이 사회에 가져온 긍정적인 영향을 부정하는 것은 아니라는 의미다. 하지만 지금의 경제 체제하에서 법인 자본주의가 생겨났고, 이것이 산업재해의 원인을 제공했다는 사실만은 분명하다.

그 배경에는 주식회사 제도가 있다. 주식회사가 탄생한 지는 역사적으로 약 200년 정도에 불과하다. 주식회사 제도의 가장 큰 특징은 '유한책임(limited liability)'을 진다는 것이다. 예를 들어, A라는 회사가 투자자들로부터 투자를 받는다고 가정해보자. 투자자들은 그 회사가 투자할 만한 가치가 있는지, 혹 부채가 있거나 사업을 제대로 영위하지 못할 만한 위험이 있지는 않은지 면밀하게 살펴볼 것이다. 회사의 재정 상태를 위협할 만한 어떠한 위험이 있다면 아무도 A기업에 투자하지 않을 것이다. 주주들은 이러한 위험을 회피하면서 안전하다고 믿은 기업에만 자신의 자본을 투자하게 되고, 결과에 대한 보상을 기대하게 된다. 이로써 주식회사가 활성화되었다.

이처럼 자본의 집중과 위험의 분산이라는 경제적 기능을 바탕으로 개인으로서는 불가능한 대규모 기업 경영이 가능해졌다. 그리고 산업혁명 이후에 대공장 체계, 20세기 초반 헨리 포드의 컨테이너 벨트 체계 등이 만들어질 수 있었다. 대량 생산 체제가 정착되자 이전보다 많은 사람에게 재화가 골고루 분배되었고, 빈곤 문제를 비롯해 인류가 겪고 있는 다양한 문제가 해결됨으로써 기업은 자본주의 체제에서 경제 활동의 중추적 기능을 담당하게 되었다. 그것이 100여 년 전에 태동했던 법인 자본주의라는 체계의 '명', 즉 밝은 부분이다.

다만 이렇게 긍정적인 부분을 높게 평가한다고 해서 기업 활동에서 비롯되는 위험까지 다른 곳으로 책임을 전가해도 된다는 의미는 아니다. 기업 활동이 법인 자본주의라는 명목하에 영리적인 부분에만 초점을 맞추다 보니 기업 활동에 부수적으로 발생하는 환경이나 재난 문제에 대한 책임을 등한시한 것은 사실이다. 하지만 모든 재난은 재난

을 발생시킨 주체에 책임을 물어야 한다. 이것이 기본 상식
이기 때문이다.

안전과 위험은 학습의 대상이다

그렇다면 위험은 어떤 식으로 회피할 수 있을까? 한마디
로 정리하자면 '안전과 위험은 본능이 아니라 학습의 대상'
이다. 모든 사람은 인생에서 맞닥뜨리는 예기치 못한 상황
에서 큰 불안감을 느낀다. 하지만 위험을 본능적으로 느낀
다고 해서 그것을 저절로 예방하거나 피할 수는 없고, 반드
시 학습을 통해 배워야만 한다. 우리나라에서도 학교와 기
업에서 안전과 보건에 관한 교육이 이루어지고 있지만, 아
직은 교육보다 정부의 규제에 더 초점이 맞춰져 있는 것이
사실이다.

안전 문제의 핵심은 노동자와 시민이 근로 현장과 사회
에 어떤 위험이 있는지 세부적으로 미리 파악해 참사가 생
기기 전에 이를 회피하는 것이다. 따라서 누구나 삶을 유지

하는 공간, 일하는 공간에서 발생할 수 있는 위험을 인지하고 스스로 위험을 개선할 수 있는 활동에 참여해야 한다. 또한, 위험한 상황이 발생했을 때 그 위험을 거부할 수도 있어야 한다. 즉 알 권리, 참여할 권리, 거부할 권리가 주어져야 한다는 의미다.

이 중에서 가장 기본이 되는 권리가 무엇일까? 바로 알권리다. 어떤 위험이 있는지 알아야 참여도 할 수 있고, 거부도 할 수 있다. 노동자든 시민이든 각자 삶을 영위하는 공간에서 위험을 인식해야 그다음 단계로 넘어갈 수 있는 것이다. 그리고 위험을 발견했다면 이를 받아들이지 않을 거부권을 행사해야 한다.

'소 잃고 외양간 고치기'라도

사고가 생긴 이후에는 실질적인 예방 대책을 세우는 것이 무엇보다 가장 중요하다. 따라서 안전과 관련된 논의를 할 때는 법에 관한 이야기를 절대 빼놓을 수 없다. 법은 사후 대처가 아닌 사전 예방 차원에서 필수적이기 때문이다.

노동현장에서의 안전·보건과 관련해 우리나라에서 최초로 입법하고 제정된 것은 사실 「산업안전보건법」이 아니다. 그보다 먼저 「근로기준법」이 제정되면서 이 법에 안전·보건과 관련된 내용을 포함했다. 「근로기준법」은 한국전쟁이 끝나기도 전인 1953년 5월 10일에 제정되어, 그해 8월 9일부터 시행되었다. 지금으로부터 무려 70년 전에 노동자의 안전·보건에 관한 내용이 법에 명시된 셈이다. 그러다 1981년 12월에 「산업안전보건법」이 「근로기준법」에서 독립해 하나의 법으로 제정되었고, 이듬해인 1982년 7월부터 시행되었다.

「산업안전보건법」은 2019년에 전면 개정되었는데, 이것이 1장에서도 잠깐 언급한 '김용균법'이다. 「산업안전보건법」이 개정되는 데 충남 태안화력발전소 협력업체 비정규직 직원이었던 고 김용균 씨의 사고가 결정적이었기 때문에 이런 별칭이 붙었지만, 이전에도 이 법의 개정 논의를 촉발한 사건이 있었다. 바로 구의역 스크린도어 끼임 참사 사고가 그것이다. 「산업안전보건법」 개정안의 핵심은 원청이 높은 위험을 수반한 업무를 외주 업체에 도급하면, 이를 수급한 사업장에서 발생한 산업재해에 대해서도 원청에 책임을 묻는다는 내용이다. 이전까지는 원청의 책임 범위가 매우 협소했으므로, 산업재해로 원청이 처벌되는 사례가 매우 드물었다. 그러다 2019년에 「산업안전보건법」이 전부 개정되면서 원청의 책임이 크게 확대되었다.

그런데 이처럼 더 폭넓은 안전을 확보하고자 「산업안전보건법」이 전부 개정됐음에도 불구하고 「중대재해처벌법」이 별도로 입법된 이유는 무엇일까? 「산업안전보건법」에 따라 원청에 책임을 묻더라도 처벌받는 사람은 최고 경영자가 아니었다. 산업재해의 1차 책임은 공장장과 같은 중간 관리자에게 있지만, 결국 사건을 초래한 원인은 경영 방침을 세운 최고 경영자로부터 시작된 것이다. 그럼에도 최고 책임자를 처벌하기는 여전히 어려웠다. 따라서 「중대재해처벌법」을 제정해 공장장이나 현장소장 같은 중간 관리자가 아니라 가장 큰 권한을 갖고 안전·보건을 지휘해야 하는 기업의 대표이사에게 책임을 묻는다는 것이 법 제정의 핵심이었다.

이 법이 제정된 배경에는 분명 한익스프레스 화재 사고와 같은 대형 사고가 배경에 놓여 있다. 안전을 처벌이라는 측면에서 생각하려는 태도가 더욱 강해지고 있는 것이다. 하지만 과연 그럴까? 사람이 죽거나 크게 다치는 상황이 반복될 때, 책임자 처벌보다 더 중점에 두어야 하는 고려 사항은 이 사고를 애초에 발생시키지 않았어야 한다는 것이다. 따라서 안전과 관련된 입법이나 정책에서는 어떻게 하면 사람이 덜 다치고 덜 죽을 수 있느냐를 중점에 두고 논의가 이루어지는 것이 가장 바람직하다.

모두가 위험한 이상한 평등의 시대

산업혁명기 이후로 경제적으로 유례없는 발전을 이룩한 인류, 여기에서 더 나아가 산업사회를 배경으로 거대한 부를 축적한 선진국들. 이처럼 부가 증대되고 재생산되는 동안, 위험이란 잘 먹고 잘살기 위해서 감수해야 하는 우연적이고 비정상적인 것으로 인식되어왔다. 위험은 늘 존재하는 것이 아니며 산업 활동을 하면서 예기치 않게 따라오는 어쩔수 없는 것이므로 어느 정도는 감수해야 한다는 생각이 강했다. 즉, 부를 생산하는 논리가 사회의 중심이 되면서 위험을 생산하는 논리에 경제적인 동기가 더해졌다.

그러나 이런 식의 위험 개념은 근대 산업 문명의 발달과 함께 더는 유지되기 어려워졌다. 인간이 기후 변화나 원전 폭발과 같은 '무릅쓸 수 없는 위험'을 생산하는 결과가 나타났기 때문이다. 물론 기후 위기에는 여러 가지 원인이 복합적으로 작용하므로 단순히 인간만이 지금의 환경적 위험을 만들어낸 것이라는 데 반론이 있을 수 있다. 하지만 적어도 지난 수백 년간 인간이 환경에 개입함으로써 치명적인 위험들을 가속화하고 있다는 데에는 누구도 이견이 없을 것이다.

독일의 사회학자인 울리히 벡(Ulrich Beck)은 자신의 책 『위험사회』에서 "우리가 살아가는 터전은 계산이 불가능하고 정확한 예측이 불가능한 위험들이 도처에 널려 있는 위험사회다."라고 말했다.

벡이 말하는 위험은 피할 수 있는 위험이 아니다. 아무도

예상하지 못한 위험, 누구도 의도하지 않은 위험, 피할 수 없
는 위험을 의미한다. 따라서 대부분의 사람이 불안을 느끼
는 것도 당연하다. 전근대사회에서는 위험이라는 것이 상당
히 차별적이었다. 즉, 계급 사회에서는 더 위험한 사람과 덜
위험한 사람이 계급에 따라 명확히 나뉘었다. 위험은 가난
한 사람들만 겪는 폐쇄적인 경험이었고, 이러한 위험에서 벗
어나기 위해 수많은 사람이 사회적 불평등을 극복하고 계
급 평등을 쟁취하기 위해서 투쟁했다.

하지만 오늘날의 사회는 다르다. 현대사회는 만인을 똑
같이 위협하는 위험으로 인해 전 지구상의 모든 사람이 계
급과 상관없이 저절로 평등해지는 '부정적 만민평등'의 사
회가 되었다. 부자든 빈자든 위험에서 자유로울 수 없다. 이
런 상황에서 국가에게는 위험을 방치하지 않을 책무가 주
어진다. 국가라는 정치 공동체가 존재하는 이유는 국가를
구성하는 국민들의 안전과 생명을 수호해야 한다는 것을
담보한 것이기 때문이다.

인간의 존엄과 가치는 생명과 신체의 안전을 위협받으면
서는 결코 보장될 수 없다. 국민의 안전권은 필수불가결한

기본권이며, 누구도 소외되서도, 절대 침해당해서도 안 된다. 위험을 점검하고 규제하는 것이야말로 국가가 존재하는 까닭이다.

02

안전에 만약은 없다

4만 7,000원이 가진 47억 원의 가치

2014년, 법원은 쌍용차 파업에 참여한 노동자들에게 회사에 끼친 손해를 배상하라는 판결을 내리며 47억 원의 벌금을 선고했다. 이 판결에 반발한 한 시민은 투쟁하는 의미로 언론사에 4만 7,000원이 담긴 노란 봉투를 보냈다. 이후 이 언론사에 4만 7,000원이 담긴 노란 봉투를 보내는 독자들이 점점 늘어나기 시작했고, 모금액이 기하급수적으로 늘어나자 이를 관리하기 위해 한 시민단체에서 활동을 도맡아 16일 만에 4억 7000만 원을 모금 완료했다. 이 캠페인은 이후 노조법상 합법 파업의 범위를 확대하고 노동자 개인에게 손해배상을 청구하지 못하도록 하는 '노란봉투법'이 발의되는 계기가 되었다. 노란봉투법, 정식 명칭인 「노동조합 및 노동관계조정법 개정안」은 우여곡절 끝에 여전히 국회 계류 중이지만, 조만간 입법 최종 단계에 들어설 것으로 점쳐지고 있다.

이 이야기는 사실 안전·보건과는 직접적인 상관이 없다. 하지만 이 법이 정계와 재계의 주목을 받는 이유는 따로 있다. 바로 사용자의 개념을 확장하는 법이기 때문이다.

이 법에 따르면 사용자는 '사업주, 사업의 경영 담당자, 또는 그 사업의 근로자에 관한 사항에 대하여 사업주를 위하여 행동하는 자'를 의미한다. 우리나라의 대기업은 자신들이 직접 고용한 인원만으로는 원활하게 운영되지 않는다. 업무의 효율화를 위해서는 다른 기업에 외주를 맡길 수밖에 없는 구조라는 의미다. 즉, 원청과 하청의 관계를 맺는 것이다.

예를 들어, A라는 회사가 B라는 업체에 일을 맡긴다고 가정해보자. 그럼 B 회사의 직원들은 A가 관리하는 현장에서 일하기 때문에 그 현장에 존재하는 위험에 관한 최종 관리는 A가 해야 한다. 그런데 B 회사의 노동자들은 A 회사에 위험을 제거해달라는 요구를 직접 할 수 없고, B 회사의 관리자에게 요구한다 하더라도 갑을 관계에 놓인 A 회사와 B 회사 사이에서 개선책이 받아들여지지 않을 가능성이 크다.

따라서 이 '노란봉투법'에는 하청 노동자들이 만든 노동조합에서도 원청을 상대로 교섭할 수 있는 권리를 부여하는 조항을 넣었다. 하지만 원청 입장에서 이런 법이 제정되는 것은 상당히 부담스러울 수밖에 없다. 기업이 공정 일부를 떼어 하청 업체에 맡기는 이유는 책임을 전가하려는 목적인데, 이 법이 시행되면 최종 책임에서 자유로울 수 없기 때문이다. 당연히 이해관계가 크게 충돌할 수밖에 없는 지점이다.

우리 사회의 보편적 가치는 어디에 두어야 할까? 국회는 국민의 안전과 편의를 증진하는 법을 만들어야 하는 입법 기관이다. 하지만 이 법이 8년이라는 오랜 시간 동안 폐기되고, 계류되는 사이에 계속해서 많은 노동자가 불리한 위치에서 자신의 목소리를 내며 싸워야 했다. 한 시민의 마음이 담긴 4만 7,000원의 가치는 47억 원과 맞먹을 정도로 컸지만, 사적 영역에 노동자의 안전과 평화를 맡길 수는 없다. 이러한 비용 역시 공적인 영역에서 책임져야 하는 부분은 아닐까 질문을 던져본다.

위험 대처 비용 vs. 사후 처리 비용

준비되지 않은 위험에는 많은 비용이 든다. 기업에서는 안전 설비를 설치하고, 안전관리자를 두고, 근로자에게 안전교육을 시행하고, 안전 장비를 나눠주는 등의 비용을 부담스럽게 여긴다. 위험을 대비하는 데 투자하는 비용은 곧바로 결과로 나타나지 않으므로 경영자 입장에서는 마치 버리는 비용처럼 느낄 수 있는 것이다. 그렇다면 위험 대처 비용이 정말 가치가 없는 것일까? 위험에 대처했을 때 드는 비용과 위험에 대처하지 않았을 때 드는 비용을 구체적으로 비교해보자.

예를 들어, 어떤 산업 현장에서 경력직의 숙련된 노동자가 산업재해로 사망했다고 가정해보자. 대부분의 사람은 이런 상황에서 회사가 개인에게 피해에 따른 손해배상을 지급하고, 관련자는 처벌을 받고, 회사는 행정 처분을 받을 것이라고 예상한다. 하지만 사후 처리 비용은 그 정도로만 끝나지 않는다. 숨진 노동자가 태어나서 어떤 일을 배우고 숙련공이 되기까지 일련의 과정에 들어가는 비용 역시 포함해야 한다. 노동자 한 명을 재교육하고 대체할 수 있는 인력으로 완성하는 데까지는 상당히 많은 사회적 비용이 들어간다.

재해와 관련된 비용을 근시안적으로 바라보면 재해 예방에 투자하는 비용이 다소 과하게 느껴질 수 있지만, 안전에 만약은 없다. 생명은 값을 정할 수도 없거니와 사람을 키우고 사회에서 제 몫을 해내는 숙련된 전문가로 성장하기까지의 사회적 비용까지 고려한다면 더 큰 손실이 발생한다고 생각할 수 있다.

산업재해 그 후에 일어나는 일

그렇다면 산업재해 처리 비용은 구체적으로 어떻게 계산될까? 「산업안전보건법」은 1981년에 제정되어 1982년 7월 1일부터 시행되었고, 이로써 사업주에게 안전·보건과 관련된 의무를 부과해 그 의무를 위반해서 노동자가 사망할 경우 치사죄로 처벌할 수 있게 되었다. 이 법에서는 업무와의 연관성을 파악해 처벌하고 그 외에는 형법상 '업무상 과실치사'로 처벌하게 되는데, 문제는 이러한 산업재해 사망 사건의 형사처벌이 경미하다는 것이다.

2017년, 「산업안전보건법」에 따라 사망 사건이 발생한 산업재해의 벌금 평균액을 전수 조사한 결과, 개인사업자에게는 벌금이 평균 약 420만 원, 법인사업자에게는 평균 약 500만 원이 부과된 것으로 밝혀졌다. 일반 시민들이 이해하기 어려울 만큼 상당히 낮은 수치다.

그러던 중 2018년, 앞서 언급한 충남 태안화력발전소에서 일하던 협력업체 비정규직 노동자인 고 김용균 씨가 운송설비 점검을 하다 사망하는 사고가 발생했다. 당시 이

2020년 사망 산업재해 처벌 수위

2020년 사망 산업재해 벌금

(단위: 원)

2017년 (고용노동부 '산안법 판결 분석' 보고서)	개인	420만 6600
	법인	524만 7700
2020년 전체 평균	개인(134명)	518만 6570
	법인(165곳)	553만 3330
'김용균법' 적용 판결	개인(5명)	340만
	법인(4곳)	525만

평균 징역 및 집행유예 기간

		징역·금고	집행유예
2020년 전체	개인 154명	7.3개월	18.6개월
'김용균법' 적용 판결	개인 6명	8.3개월	24개월

사건을 조사하는 과정에서 솜방망이 처벌인 「산업안전보건법」을 전면 개정해야 한다는 목소리가 높아졌다. 「산업안전보건법」 개정안은 이미 2016년, 구의역 스크린도어 끼임 사고가 일어난 뒤 국회에 개정안이 발의되었으나 2년 동안 계류되다가 비극적인 산업재해 사망 사고가 끊임없이 이어지자 2019년에 이르러서야 국회를 통과해 2021년

부터 시행될 수 있었다.

이로써 중대한 인명 피해를 발생시킨 사업주에게 강화된 법적 책임을 물을 수 있게 되었으나 법이 시행된 이듬해인 2020년에도 사업주에게 부과된 벌금액의 평균 역시 이전과는 크게 달라지지 않았다는 사실이 밝혀졌다. 법인사업자의 벌금액이 채 600만 원도 되지 않을 정도로 여전히 미미한 수준에 그치고 만 것이다. 법에서 요구하는 안전 관련 조치 의무들을 회사가 위반해 노동자가 사망했는데도 고의성이 없다고 판단하면 적은 액수의 벌금만으로 사건을 마무리하는 행태가 그대로인 셈이다.

이쯤에서 자신이 피해자의 유가족이라고 생각하고 이 결과에 감정 이입을 해보자. 배우자 또는 자식이 안전하지 못한 환경에서 일하다가 깔리거나 떨어지고 기계에 끼어서 사망했다. 그런데 회사는 1,000만 원도 채 되지 않는 벌금으로 사건을 책임진다. 그렇다면 이 판결에 동의할 수 있을까? 그대로 넘어갈 수 있는 사람을 아마 없을 것이다.

「산업안전보건법」 개정안이 시행되고 3년, 지금은 어떨까? 불과 작년만 해도 전 국민적인 불매 운동을 촉발한 산업재해 사고가 일어났다. 2022년 10월, 국내 최대 제빵 기업인 SPC의 계열사 SPL 평택 공장에서 일하던 여성 노동자가 업무 중 사망했다. 교반기라고 하는 샐러드 재료를 섞는 기계를 돌리다가 끼임 사고가 발생했는데, 사고 조사 결과 기계를 운전할 때 필요한 기본적인 규칙을 회사 차원에서 제대로 지키지 않았던 것으로 나타났다. 기계 가동 중 끼임 사고가 발생했을 때 기계가 자동으로 멈추는 장치조차 설치되어 있지 않았다. 게다가 새벽 5시라는 집중력이 떨어지는 시간대에 함께 작업할 동료도 없이 홀로 업무에 투입된 것도 치명적인 사고가 발생한 하나의 원인으로 작용했다.

이런 재해는 사실상 '후진국형 재해'다. 노동자에게 조심하지 않았다는 책임을 물을 수 없다. 가장 기본적인 예방 수칙이 준수되지 않은 것 때문에 사람이 죽는 일들이 지금도 여전히 벌어지고 있다. 이런 사고가 일어났을 때 충분한 제재가 필요한데, 지금까지 우리나라 법은 수백만 원의 벌금, 채 1년도 되지 않는 수준의 책임자 징역형으로 모든 것을 무마했다. 이로써 처벌을 강화해야 한다는 논의가 계속해서 불거졌고, 「중대재해처벌법」이 제정되는 결과로 이어지게 되었다.

큰 재해를 막는 300번의 기회

안전사고가 발생했을 때 미미한 처벌로 끝나는 것도 문제지만 더 중요한 사항은 사고가 일어나지 않도록 사전에 제대로 된 안전교육을 시행하는 것이다. 다행히 2016년부터 우리나라에서도 유치원, 초·중·고등학교에서 학기당 최소 2회 이상, 총 51시간의 안전 의무 교육이 실시되고 있다. 여기에는 생활 안전, 교통 안전, 폭력 예방 및 신변 보호, 약물·사이버중독 예방, 재난 안전, 직업 안전, 응급처치 등 7대 영역이 포함된다.

이러한 안전 교육은 어려서부터 받는 것 못지않게 실제 현장에서 일하고 있는 노동자들에게도 반복적으로 강조해야 하는 중요한 요소다. 그렇지만 안타깝게도 사고는 교육만으로 막을 수 있는 것은 아니다. 효과적인 비상 대응 시스템 구축과 훈련, 적절한 사고 대비 계획 등 제도적 마련이 동반되어야 한다.

대형 사고가 반복되는 이유를 설명할 때, 가장 많이 거론되는 이론은 '하인리히의 법칙(Heinrich's law)'이다. 이 법칙을 만든 허버트 하인리히(Herbert Heinrich)는 원래 보험회사의 재해 관리 담당자였다. 그는 약 7만 5,000건의 사건 사고를 분석해 재해가 발생하기까지의 사전 배경에 관한 흥미로운 사실을 발견했고, 이 결과를 『산업재해 예방(Industrial Accident Prevention)』이라는 책으로 남겼다.

하인리히의 법칙이란 큰 재난이 일어나기 전까지 약 300건의 경미한 사고가 발생하고, 29번의 인적·물적 손실을 일으키는 경상이 일어나며, 이것이 쌓여 하나의 큰 사고로 이어진다는 것이다.

앞서 말한 SPL 공장의 참사가 아무런 전조 없이 어느 날 갑자기 일어난 일이 아니라 이전까지 약 300건의 무상해 사고가 일어났다는 의미다. SPL 사망 사고도 조사 과정에서 드러난 바에 따르면 비교적 경미한 교반기 손 끼임 사고나 기계 오류와 같은 사고가 이전에도 빈번하게 발생했다고 한다.

우리 눈에 띄는 중대 재해, 사망 사고는 하루 아침에 혼자서 터지지 않는다. 대형 산업재해가 일어나기 전에는 이를 예방할 수 있는 300번의 기회가 있다. 작은 사고가 일어났을 때 원인을 철저하게 조사해서 성실하게 대응한다면 인명 사고는 발생하지 않을 수 있다.

재해 예방의 4원칙, 재해 예방 활동의 3원칙

하인리히는 자신의 법칙을 바탕으로 『산업재해 예방』에서 산업 안전의 네 가지 원칙을 제시했다.

그 첫 번째는 '손실 우연의 법칙'이다. 사고로 인한 손실(상해)의 종류 및 정도는 우연적이라는 것이다. 두 번째는 '원인 계기의 원칙'이다. 사고는 여러 가지 원인이 연속적으로 이어지며 일어난다는 뜻이다. 세 번째는 '예방 가능의 원칙'으로, 말 그대로 사고는 예방이 가능하다는 것이다. 네 번째는 '대책 선정의 원칙'이다. 사고 예방을 위해서는 안전 대책을 미리 세우고 이를 산업 현장에 적용해야 한다.

앞서 노동자들의 알 권리, 참여할 권리를 강조한 이유가 여기에 있다. 위험을 가장 먼저 잘 파악할 수 있는 사람이 노동자들이기 때문이다. 떨어지기 쉬운 곳, 미끄러운 곳, 화재 위험이 높은 곳, 오작동이 일어나기 쉬운 기계 등 노동자들이 현장을 속속들이 알고 위험을 인식한다면 상황을 개선할 대책도 세울 수 있다.

울리히 벡이 『위험사회』에서 말한 것처럼 현대사회에는 곳곳에 예기치 못한 위험이 도사리고 있다. 예방하고 교육을 받는다고 해서 모든 위험을 피할 수는 없다. 어느 산업 현장이든 마치 짠 듯이 붙여둔 '재해율 0퍼센트 목표'가 허울 좋은 이야기라는 것을 모르는 노동자는 없다. 그럼에도 위와 같은 네 가지 원칙만큼이라도 지킨다면 최소한의 안전은 보장할 수 있을 것이다.

마지막으로 하인리히가 주장한 재해 예방 활동의 3원칙을 알아보자. 첫째, '위험(hazard)을 인식하는 것', 즉 재해 요인을 발견하는 것이다. 둘째, 발견한 '재해 요인을 제거하고 시정하는 것', 위험을 제거함으로써 예방하는 셈이다. 셋

째, 이와 동시에 '재해 요인 발생의 예방이라는 일련의 과정을 반복해서 수행하는 것'이다. 이것은 한 번에 끝나지 않으며 유기적 구성을 가지고 계속해서 순환한다. 발견, 제거, 시정이 하나의 움직이는 시스템을 갖추면서 점점 더 완전한 안전에 다가가게 된다.

03

재해를 어떻게 막을 수
있을 것인가

하인리히의 재해 예방 5단계

'하인리히의 법칙'을 바탕으로 대형 재해가 발생하기 전
에는 300번의 전조 증상이 나타난다는 사실을 살펴보았
다. 그렇다면 이러한 위험을 바탕으로 대형 사고를 미리 예
방하기 위해서는 어떤 단계를 거쳐야 할까? 이와 관련해 하
인리히가 주장한 '재해 예방 5단계'를 주목할 필요가 있다.

먼저 1단계는 '안전관리 조직'이다. 이 단계에서 경영자는

안전 목표를 설정하고 안전관리자를 선임해야 한다. 안전 활동 방침 및 수립 계획을 세우며 조직을 통한 안전 활동도 이 단계에서 전개한다.

「산업안전보건법」에서도 안전관리 체제라는 용어로 안전·보건 총괄 관리자를 세우도록 명시했으며, 공장에서는 안전관리자 또는 보건관리자를 반드시 두도록 했다. 「중대재해처벌법」에서도 마찬가지다. 이 법에서 기업은 안전관리 체계를 갖추고 안전관리를 기업의 경영 목표로 설정해야 한다. 기업이란 단순히 이윤을 추구하는 것을 넘어서 노동자의 안전과 보건 확보도 핵심 목표로 삼아야 한다는 것을 법으로 규정한 것이다.

2단계는 '사실의 발견'이다. 이런 조직이 만들어지면 조직은 사고 및 활동 기록을 검토하고 위험의 원인을 찾는 활동을 해야 한다. 기업이 경영 활동을 하다 보면 그 과정에서 중대 재해뿐 아니라 아차사고라는 작은 사고도 경험하게 된다. 이 단계에서는 바로 그런 사고에 대한 점검과 검사가 이루어지며 각종 안전회의 및 토의도 하게 된다. 예컨대, 건설 현장에서 비계 추락 사고가 발생하기 전에 그 작업이 발생시킬 수 있는 위험이 무엇인지 분석하고 점검하는 활동을 하는 것이다.

「산업안전보건법」에서는 기업에 '산업안전보건위원회'라는 것을 두고 노동자 조직과 사측 조직이 같은 인원을 위원회에 배치해 안전 문제를 논의하도록 법으로 명시했다. 이런 활동 덕분에 노동자 역시 안전을 위한 의견을 제안할 수도 있다.

3단계는 '평가 및 분석'이다. 이 단계에서는 사고의 원인 및 경향성을 분석한다. 사고를 분석할 때는 모든 업종과 모든 규모의 회사에 같은 기준을 적용하기 어렵다. 따라서 업종별로 고유한 위험이 무엇인지 개별적으로 분석하고 사고 기록과 관련 자료를 파악하기도 하며, 인적·물적·환경적 조건을 그 기업에 맞게 적용하는 작업이 이루어져야 한다. 또한, 교육 훈련 및 적정 배치를 분석해 가장 안전한 상황을 조성하고, 안전 수칙을 가르치고 보호장비를 적절히 분배하는 것도 이 단계에서 행해진다.

4단계는 '시정방법의 선정'이다. 영어를 그대로 번역하면 구제 수단이라고 하는데, 바로 위험을 바로잡을 방법을 선

하인리히의 재해 예방 5단계	
제1단계 안전관리 조직	1. 경영자의 안전 목표 설정 2. 안전관리자의 선임 3. 안전의 라인 및 참모 조직 4. 안전 활동 방침 및 수립 계획 5. 조직을 통한 안전 활동 전개
제2단계 사실의 발견	1. 사고 및 활동 기록의 검토 2. 작업 분석 3. 점검 및 검사 4. 사고 조사 5. 각종 안전 회의 및 토의 6. 노동자의 제안 및 여론조사
제3단계 평가 및 분석	1. 사고 원인 및 경향성 분석 2. 사고 기록 및 관련 자료 분석 3. 인적·물적·환경적 조건 분석 4. 작업공정 분석 5. 교육 훈련 및 적정 배치 분석 6. 안전 수칙 및 보호장비의 적부
제4단계 시정 방법의 선정	1. 기술적 개선 2. 배치 조정 3. 교육 훈련의 개선 4. 안전 행정의 개선 5. 규정 및 수칙 등 제도의 개선 6. 안전 운동의 개선
제5단계 시정 방법의 적용	1. 교육적 대책의 실시 2. 기술적 대책의 실시 3. 규제적 대책의 실시 4. 재평가 후 보완 및 시정

택하는 것이다.

예를 들어, 공장에서 기계 끼임 사고가 발생한다면, 기계로 사람이 빨려 들어가지 않도록 뚜껑을 설치하거나 사람이 끼었을 때 즉시 감지하고 저절로 멈추는 센서를 부착시키는 식이다. 즉 기술적으로 문제를 개선하고, 교육 훈련과 안전 행정을 개선해 궁극적으로 안전한 환경을 조성하는 것이다.

마지막 5단계는 '시정 방법을 적용'하는 것이다. 앞서 안전한 환경을 조성하는 활동을 모두 완수했다면, 교육적 대책, 기술적 대책, 규제적 대책을 실시하고 이를 재평가한 후 보완 및 시정하는 조치가 수반되어야 한다. 이러한 일련의 단계를 거쳐서 재해 예방이 이루어진다.

뒤에서 더 자세히 설명하겠지만, 「중대재해처벌법」도 이 내용을 그대로 본떠 기업에서 적절한 안전관리를 이행할 것을 요구하고 있다.

물론 하인리히의 재해 예방 5단계는 법적인 의무라기보다는 안전관리 경영 운영 차원에서 시행하는 하나의 방법론이라고 생각하는 것이 좋다.

안전도 체계적으로 관리되어야 한다

체계란 일정한 원리에 따라서 여러 단계가 조직적으로 짜인 과정을 말하는 것이다. 대부분의 체계는 '투입→전환→산출→환류→(투입)'이라는 순환 원리를 따르는데, 안전에서도 이러한 순환 체계가 도입되어야 한다. 이전까지 미흡했던 안전관리 체계는「중대재해처벌법」이 시행되고 나서 비교적 철저히 관리되고 있다. 대표이사와 같은 경영 책임자들은 안전관리 체계가 제대로 기능할 수 있도록 여러 구성 부분을 통합하는 과정을 통제해야 한다.

안전보건 관리 체계는 다음과 같은 구성요소로 이루어진다. 먼저 안전·보건에 관한 목표와 경영 방침 설정이다.

안전관리 체계의 순환 과정

「중대재해처벌법」에서도 이를 경영자의 의무로 명시하고 있다. 지금까지 회사의 경영진이 '어떻게 하면 돈을 많이 벌 것인가'에만 초점을 맞췄다면 이제부터는 안전 경영에 관한 목표와 방침을 세움으로써 안전·보건이라는 가치에도 무게를 실어야 한다는 점을 강조한 내용이다.

두 번째로 안전·보건에 관한 업무를 총괄 및 관리하는 전담 조직을 세워야 한다. 기업을 경영할 때는 노동 자원인 인력과 물적 자원인 비용을 통합해 기업의 목적을 달성해 가는데, 안전 경영 체계란 이러한 인적 토대와 물적 자원을 회사의 이익을 내는 목적뿐 아니라 안전·보건이라는 목적을 추구하는 데도 투입해야 한다는 의미다. 즉, 회사 내에 일정한 인원과 예산을 확보해 안전·보건에 관한 업무를 총괄하고 관리하는 전담 조직을 두는 데 사용해야 한다.

물론 이전에도 「산업안전보건법」에 안전관리자 또는 보건관리자를 두도록 명시하고 있었다. 예를 들어, 본사는 서울, 공장은 지방에 있는 기업이 있다고 해보자. 이런 경우 「산업안전보건법」에서는 현장인 공장에서 일하는 책임자에게 안전관리 업무를 일임하면, 서울 본사에서는 이를 전담하는 헤드쿼터를 따로 세우지 않아도 문제가 없었다. 하지만 앞으로는 이를 총괄하는 측면에서 본사에도 안전·보건에 관한 업무를 전담하는 조직을 두라는 것이다.

다음으로 유해·위험 요인을 확인해 개선하는 업무 절차를 마련해야 한다. 이러한 절차에 따라 유해·위험 요인을 살펴보고 위험이 발견되었다면 제대로 개선되는지를 반기에 1회 이상 점검해야 하며 이에 필요한 조치도 함께 실행되어야 한다. 또한, 안전·보건 관리 체계를 구축하기 위한 예산도 마련해야 한다. 이 예산이 편성된 용도에 맞게 집행되고 있는지 지속적인 평가와 감독도 수반되어야 할 것이다.

그리고 안전관리자, 보건관리자와 같은 책임자가 법에 명시된 의무를 다하기 위해서는 권한을 주어야 한다. 해당 업무 수행에 필요한 예산도 함께 할당하며 해당 업무를 충실하게 수행하는지 평가하는 기준도 마련해야 한다. 기준에 따라서는 반기에 1회 이상 평가와 관리가 이루어진다.

여기까지가 인적·물적 토대를 갖추는 자원을 투입하는 것이라면 그다음에는 안전·보건에 관한 사항에 종사자의 의견을 듣는 절차가 이어진다. 즉, 노동자의 참여할 권리를 보장하는 것도 법에 명시되어 있는 것이다. 구체적으로 보면 「산업안전보건법」에서는 노동자가 100명 이상인 사업장에는 안전보건위원회를 두도록 하고, 하청 업체에는 협의회를 두도록 한다는 조항이 포함된다. 또한, 절차에 따라 그 의견이 재해 예방에 필요하다고 인정되는 경우에는 개선방안을 마련해 이를 충실하게 이행하는지 반기 1회 이상 점검한 후 필요한 조치를 취하도록 한다.

그리고 중대산업재해가 발생하거나 발생할 만한 급박한 위험이 있을 경우를 대비해 매뉴얼을 마련해야 한다. 이것 역시 주기적으로 점검하며 제대로 이행되는지 감시해야 한다.

위험의 외주화가 불러일으킨 비극

안전 체계의 구성요소 중 마지막 내용은 안전·보건을 확보하기 위한 기준과 절차를 어떻게 마련할 것인가 하는 문제다. 물이 위에서 아래로 흐르는 것처럼 위험도 보통 위에서 아래로 흐른다. 앞서 여러 차례 설명했고, 「산업안전보건법」과 「중대재해처벌법」 제정에 큰 영향을 미친 고 김용균 씨 사망 사고나 구의역 스크린도어 끼임 사고 등은 원청에서 직접 고용한 직원들에게 발생한 사고가 아니었다. 하청업체 또는 외주 업체 직원에게서 사고가 발생하는 경우가 대부분이며, 그중에서도 계약직이나 일을 시작한 지 얼마 되지 않은 20~30대의 젊은 직원이 주로 피해자가 된다.

이런 현상은 기업이 수직적으로 '분해(disintegration)'하는 과정에서 나타났다. 100여 년 전만 해도 전 세계에는 대기업이라고 불릴 만한 큰 규모의 기업이 손에 꼽을 만큼 적었다. 20세기 초반, 유럽과 일본처럼 산업화가 한창 진행되던 국가에서도 하나의 기업이 모든 공정을 처음부터 끝까지 도맡는 수직 체계가 일반적인 생산 형태였다. 헨리 포드가 포드 공장에서 T카를 만들 때, 그 공장에서 일하던 사람은 포드가 직접 고용한 직원이었다.

그런데 20세기 후반이 되면서 기업은 업무를 점점 분해하기 시작했고, 생산 활동에서 핵심적인 영역을 제외하고 대부분의 업무를 아웃소싱으로 맡기는 구조를 만들었다. 우리가 매일 사용하는 휴대폰만 하더라도 본사가 위치한

국가에서는 디자인만 하고, 부품 생산과 조립은 인건비가 저렴한 해외에 도급 형식으로 맡기고 있다. 이를 통해 가치 사슬(value chain)을 분산하고 있는 것이다.

그러다 보니 위험한 공정은 특히 더 하청으로 맡겨 위험 역시 분산하는 방식을 택하게 되었다. 대체로 재해에 노출되는 직원은 하청 업체의 직원이며, 그 업체에서도 현장의 제일 밑바닥에서 가장 많은 위험을 안고 일하는 노동자인 경우가 많다. 이런 위험의 불평등이 가장 명확하게 드러나는 대표적인 업종은 건설업이다. 우리나라에서 산업재해로 사망하는 노동자 가운데 절반가량은 건설업 종사자다. 건설 현장은 언제 어디서 사고가 터질지 모르는 시한폭탄 같은 곳이다. 당연히 다른 어느 업종보다도 더 철저하게 안전 관리를 해야 하지만, 대기업 건설사에서는 아파트를 짓는 수많은 단계에서 여러 외주 업체에 업무를 도급한다. 사망 사고는 이런 하청 시공 업체에서 대부분 발생한다.

2022년 1월, 현대산업개발의 아파트 브랜드 아이파크 건설 현장이 붕괴되면서 여섯 명의 노동자가 숨졌다. 이 사고의 원인으로 공사 기한을 단축하기 위해 무리하게 작업을 밀어붙인 상황이 지적되었다. 구의역 스크린도어 끼임 사고도 원칙적으로 2인 1조로 작업해야 하는 점검을 하청 업체에 충분한 비용을 지급하지 않는 바람에 인건비를 아끼기 위해 1인 작업으로 진행하다가 발생했다. 원청이 노동자를 직접 고용하지 않고 제삼자에게 위탁하거나 수급을 줄 때는 공기를 너무 짧게 한다거나 도급 금액을 낮게 설정하는 일이 비일비재하다. 이는 근시안적으로 원청의 비용을 아끼려는 경제적 목적이겠지만, 안전관리를 소홀히 하는 문제로 이어짐으로써 결과적으로 심각한 사회적 비용을 발생시킨다.

따라서 하청과 외주, 용역 위탁을 맡길 경우에도 안전·보건과 관련된 기준을 확보하기 위한 기준과 절차를 갖추는 것도 안전·보건 체계에 들어가는 것이다. 이는 하인리히가 이야기한 안전 예방의 원리 단계와도 매우 흡사하다.

여전히 많은 사람이 새롭게 시행된 「중대재해처벌법」의 처벌 기준이 너무 모호하다고 말한다. 물론 이 법이 재해가 발생했을 때 사후 대책에 대한 모든 부분을 세세하게 명시하고 있는 것은 아니다. 지난 50년 동안 논의된 안전·보건

관리라는 영역을 일반 영역에서 법제화한 것뿐이라고도 볼 수 있다. 쉽게 말하자면 앞으로 산업 안전이나 시민재해 예방을 위해 무엇이 위험한지 파악하고, 이에 대한 대응책을 마련하고, 제대로 적용하며, 사후 대책을 철저하게 세우는 일을 끊임없이 반복함으로써 점점 더 안전한 산업 환경과 사회를 만들라는 이야기다. 개별 기업의 특성에 따라 원인과 해결책이 달라질 수 있다는 점은 인정하지만, 그렇다 하더라도 이 법의 필요성까지 무시되어서는 안 될 것이다.

경영자의 이기심이 불러온 재난

여러 번 이야기한 것처럼 지금까지의 기업 활동은 단기적인 재무적 성과를 극대화해 자본시장의 기대치를 만족시키는 데 초점을 맞추었다. 이에 반해 기타 비재무적인 요소나 활동들은 소홀히 여김으로써 또 다른 피해를 불러일으키고 사회적 비용을 발생시켰다.

회사를 경영하는 사람들에게는 안전과 관련해 대개 두

개의 옵션이 주어진다. A라는 옵션은 아주 안전하지만, 비용이 많이 발생하고 B라는 옵션은 덜 안전하지만 비용이 저렴하다. 지금까지 경영자들은 대체로 후자를 선택했다. 기업의 이익을 위해서 노동자의 안전을 포기한 것이다. 만약에 A라는 옵션을 선택했을 때 발생하지 않을 사고가 B라는 옵션을 택함으로써 발생한다면, 손해배상 책임을 질 수도 있고 공장장이나 현장소장이 감옥에 갈 수도 있어야 한다.

그런데 현실은 달랐다. 기업은 사고에 대해 큰 배상 책임을 지지도 않았고, 관리자는 아주 짧은 형량만을 받거나 이마저도 선고되지 않는 경우가 허다했다. 그렇게 되면 경영자는 A라는 옵션 대신 B라는 옵션을 택해서 비용을 절약하는 방식을 계속해서 택하는 데 부채 의식이나 책임감을 갖기보다는 이 방식이 오히려 가장 합리적인 경영 방식이라고 믿게 된다.

1980년대 이후부터 미국에서 퍼져나간 경영자들의 새로운 보수 체계는 이를 더욱 공고히 했다. 미국의 많은 경영자는 보수를 고정된 연봉 시스템이 아니라 스톡옵션과 같은 주가 연동 체제로 바꿔나갔다. 그러다 보니 장기 기업 성과보다는 벤처 캐피털이나 투자은행과 같은 재무 투자자들이 기업을 어떻게 판단하는지를 더 중요하게 여기기 시작했다. 그들이 단기적으로 기업의 재무 성과가 높다고 결론내리면 주가가 오르면서 회사에 큰 이익을 가져다주었으므로 경영자들은 보수를 더 받기 위한 이기심으로 단기 재무 성과를 높이기 위해 비용을 줄이고, 이익을 높이는 방식을 택하게 된다. 넓은 관점에서 사회 전체의 이익은 고려하지 않고 근시안적으로 자신의 보수, 성과, 스톡옵션 같은 이유 때문에 안전관리나 보건 활동을 소홀히 할 수밖에 없는 환경이 자연스럽게 조성된 것이다. 그리고 그런 움직임이 미국뿐 아니라 경제가 성장하고 있는 다른 나라로까지 이어져 안전불감증이 마치 유행처럼 전 세계로 번지게 되었다.

이러한 행동은 미시적으로는 수질·토양·대기의 오염, 생태계 파괴와 같은 환경문제와 안전·위생, 빈곤, 고용 불안정 등의 사회 문제를 일으키고, 거시적으로는 자연재해, 자원 고갈, 사회 불안정, 보건 및 교육 수준 저하 등의 문제를 야기한다. 우리나라에서 처음으로 대형 산업재해 문제로 주목받은 원진 레이온 사건은 일본 도레이 레이온사에서 이황화탄소 문제 때문에 퇴출한 기계를 우리나라가 들여오면서 발생했다. 이후 원진 레이온은 문을 닫았고, 그 기계도 더 이상 우리나라에서 사용하지 않게 되었다. 그렇다면 이 기계는 완전히 폐기되었을까? 아니다. 이후에는 중국으로 수출되어 또 다른 피해를 발생시키며 계속해서 작동되고 있다.

일본에서 퇴출된 기계를 한국으로 들여오고, 한국에서 퇴출된 기계를 중국이 수입하는 이해할 수 없는 재난의 사슬이 이어지고 있다. 이런 일을 벌이는 경영자들은 한국이든 중국이든 모두 기계에 얽힌 문제를 잘 알고 있다. 그럼에도 이런 위험을 무시하고 기업의 이익에만 매몰돼 노동자의 안전뿐 아니라 공공의 이익을 담보로 시민들의 목숨까지 위협하고 있는 것이다. 이로써 산업 안전이 무너지고 더 나아가 시민재해까지 빈번하게 발생하는 치명적인 결과가 초래되었다. 결론적으로 공공성이 무너진 곳에는 이기심이 자란다.

지금까지 큰 틀에서 사회 안전에 대해 이야기했다. 한국 사회에서 안전·보건 재해가 계속해서 발생하는 이유를 살펴보고, 기업이 법인 자본주의 시대에 어떤 식으로 사회적 책임을 감당해야 하는지도 나눠봤다. 다음 장에서는 구체적인 제도로서 법이라는 틀 안에서 예방을 위한 「산업안전보건법」, 「중대재해처벌법」, 그리고 재해 위험을 보험의 원리에서 보상하고 있는 「산업재해보상보험법」이 어떻게 작동하는지 알아보도록 하자.

법에서 말하는
재해 예방의 모든 것

「산업안전보건법」은 산업 안전 및 보건에 관한 기준을 확립하고 그 책임의 소재를 명확하게 하여 산업재해를 예방하고 쾌적한 작업환경을 조성함으로써 노무를 제공하는 사람의 안전 및 보건을 유지·증진함을 목적으로 한다.

01

안전에는 책임이 따라야 한다
: 「산업안전보건법」 1

법의 두 가지 역할, 예방과 처벌

안전 문제에서 개인의 책임만 강조하는 시대는 지났다. 산업화가 시작되면서 기업은 사적 이익을 극대화하기 위해 노동자를 고용해 일정 시간의 근로를 요구하게 되었고, 경영자는 이에 따른 안전과 보건 문제 역시 책임질 의무를 갖게 되었다. 하지만 이처럼 중요한 문제를 자율에 맡길 수는 없다. 인간의 이기심은 끝이 없고, 잘못은 항상 반복되기 때문이다. 따라서 국가는 이러한 내용을 법으로 제정하고, 노동자의 안전을 보장해왔다. 현대 국가에서 국민의 안전을 보장한다는 것은 국가의 이익을 위한 목적이기도 하다. 3강에서는 이러한 목적을 달성하기 위해 법에서 어떻게 재해 예방과 보상을 명시하고 있는지 구체적으로 살펴보도록 하자.

국가가 법이라는 제도로 재해에 접근하는 방법에는 크게 두 가지가 있다. 첫 번째는 재해가 발생하지 않도록 예방하는 측면이다. 재해가 발생하기 전에 먼저 개입해서 기준을 만들어주는 것이다.

특정 사업을 운영하는 사람들이 사업의 고유한 위험 원인에 대응하기 위해서 가장 기본이 되는 가이드라인을 만들고 이를 지키지 않으면 규제하는 방식의 법률로, 대표적으로는 「산업안전보건법」이 있다.

두 번째는 재해가 발생했을 때 책임이 있는 사람에게 제재를 가할 것이라는 처벌의 측면이다. 법으로 예방 기준을 정해도 그대로 따르지 않는 사례가 많다. 이런 일이 발생하지 않도록 실제로 사고가 발생했을 때, 예방 기준을 따르지 않았을 때보다 훨씬 더 엄격한 처벌을 받게 될 것을 법에 명시함으로써 심리적으로 강제하는 방식이다. 이것이 2022년 초 제정된 「중대재해처벌법」이다.

울리히 벡이 주장한 위험사회에서는 재해가 발생하지 않도록 아무리 열심히 예방하더라도 크고 작은 사고는 불가피하게 발생하기 마련이다. 안전을 위한 모든 조치를 취했음에도 재해는 발생할 수 있으며, 그 위험에 관한 책임을 개인에게 미루는 것은 현대 복지 국가의 이념에 맞지 않는다. 따라서 재해로 업무상 질병을 얻거나 부상을 당하거나 사망에 이르게 되었을 때, 이런 사고를 사회적 위험으로 인식하고 재해 보상 제도를 통해서 필요한 급부를 지급해야 한다. 이러한 급부에는 요양 급여, 유족 급여, 장례비 지원 등과 같은 직접 보상 방식과 불법 행위의 책임, 채무 불이행 책임 등을 통해서 손해배상 책임을 지도록 하는 방식이 있다.

이처럼 법이 재해에 접근하는 두 가지 방식을 기억하면서, 앞으로 우리나라의 안전·보건과 관련된 법 체계를 하나씩 짚어나가 보자.

「산업안전보건법」은 왜 생기게 되었을까?

우리나라에서 안전·보건과 관련한 규정을 최초로 법에 명시한 「근로기준법」은 1953년에 제정되었다. 최초의 「근로기준법」은 총 12장 115조로 이루어져 있었으며, 그 가운데 제64조부터 제73조까지 열 개 조문에 위험 방지, 안전 조치, 특히 위험한 작업, 유해물, 위험 작업물의 취급 제한, 안전 위생 교육, 병자의 취업 금지, 건강 진단, 안전관리자와 보건관리자, 감독상의 행정조치 등 작업장에서의 안전·보건 규칙을 명시했다.

하지만 그 당시 대한민국은 전쟁의 참화가 채 꺼지지 않은 상태였고, 전쟁이 아니었다고 하더라도 해방된 지 불과 8년 정도밖에 지나지 않아 산업화가 이제 막 태동하는 수준이었다. 따라서 「근로기준법」에는 안전·보건과 관련한 포괄적인 근거를 마련한다는 정도의 형식적이고 추상적인 형태로 포함시켰다. 처음 「근로기준법」을 제정할 때는 일본의 「노동기준법」을 많이 참고하면서 그 법에 있는 내용을 거의 그대로 가져왔다. 당시에는 노동 법규에서 산업 안전·보건의 중요성이 크게 부각되지 못했으며, 우리나라 실정에 맞는 규칙을 정했다고 보기도 어려웠다.

그러다 1960년대 후반부터 1970년대로 넘어오면서 우리나라는 급격한 산업화를 거치게 되었다. 정부 주도로 중화학공업이 크게 발전했고, 대규모 공단이 곳곳에 들어섰다. 그곳에 세워진 제철소, 조선소, 자동차 공장 등에서는 이전에는 우리나라에서 한 번도 경험해보지 못한 대형 기계를 사용해 수많은 제품을 생산했다. 알지 못하는 기계에는 알지 못하는 위험이 동반된다. 대규모 동력을 이용하는 기계를 가동하면서 산업재해 역시 이에 비례해 증가하기 시작했다. 그리고 생산 과정에서 과학적으로 안전이 검증되지 않은 유해 물질을 사용하거나 배출하기도 했다. 그 영향으로 새로운 유형의 직업병도 등장했다.

이처럼 대형 산업재해 발생과 발생 빈도의 증가, 유해 물질의 대량 사용 및 작업 환경 다양화에 따른 직업병의 발생이 급격하게 증가되자 이에 효율적으로 대처해야 한다는 목소리가 점점 높아지게 되었다.

그 결과, 적극적이고 종합적으로 산업 안전 보건 관리에 필요한 위험 방지 기준을 세우고, 사업장에서 이를 명확히 하는 동시에 사업주 및 전문단체 자율적이고 효율적으로 산업재해를 예방하고 쾌적한 작업환경을 조성해 노동자의 안전을 확보하는 것을 목적으로 한 「산업안전보건법」이 탄생했다.

「산업안전보건법」은 1981년 12월 31일에 제정되었으며, 1982년 7월 1일부터 시행되었다. 이전까지 근로기준법에 명시된 열 개의 조항만으로는 사업장에서 발생하는 온갖 재해에 대응하기에 상당히 취약한 면이 있었으므로, 「산업안전보건법」이 시행된 것은 산업 안전에 관한 종합적인 규율 체계를 처음으로 도입했다는 점에서 큰 의의가 있었다.

노동자의 가장 기본적인 안전을 위하여

그렇다면 「산업안전보건법」은 어떤 내용으로 이루어져 있을까? 가장 먼저 산업재해 예방을 법의 기본적인 목적으로 제시하면서, 사업주와 노동자의 기본적인 의무를 명시했다. 그다음 유해 위험성이 있는 사업에는 안전·보건 관리 책임자와 안전관리자 및 보건관리자를 선임하게 했다. 이런 역할은 공장의 공장장이나 현장소장 같은 관리직이 맡는데, 아무나 이 업무를 수행할 수 없도록 일정한 자격 기준도 함께 마련했다.

또한, 100명 이상의 노동자가 소속된 사업장은 안전보건위원회를 설치하고 안전·보건 관계자 및 노동자를 대상으로 교육을 실시하도록 했다. 안전보건위원회에는 사용자와 노동자 대표를 같은 수로 뽑아 그 사업장의 안전·보건과 관련된 사항을 협의하고 내부 규정을 만들도록 했다. 아울러 인체에 해로운 영향을 미치는 작업장에 대해서는 작업 환경을 반복해서 점검하고 노동자에 대한 건강검진을 실시하는 것을 의무로 명시해두었다.

「산업안전보건법」은 「근로기준법」이 제정될 때와 마찬가지로 일본의 「노동안전위생법」의 내용을 상당 부분 참고했다. 당시로서는 선진적인 법 체계를 도입한 것이었지만, 현실적으로 제대로 적용할 만한 법인가에 대해서는 반성해볼 필요가 있다. 「산업안전보건법」은 처음 제정된 이후로 수십 차례 개정되었다. 이 과정에서 작업 환경을 철저하게 관리·감독해야 한다는 것과 2년에 한 번씩 국가 건강검진을 시행해야 한다는 항목이 추가되었고, 이에 따른 노동자의 예방적인 건강 진단 같은 사항도 명문화되었다.

가장 전면적인 개정은 2019년 4월에 이루어졌다. 이것이 1, 2강에서도 몇 차례 언급한 '김용균법'이다. 우리나라에서는 공식적인 용어로 사람의 이름을 따서 법을 만들지는 않지만, 관용적으로 특정한 사건이 법 제정에 큰 영향을 미쳤을 경우 해당 사건의 당사자 이름을 넣은 명칭으로 부르기도 한다. '김용균법'이라는 이름이 상징하듯이, 이 법 역시 고 김용균 씨가 사망한 사건이 전 국민적인 공분을 일으키면서 「산업안전보건법」을 전면 개정해야 한다는 목소리가 높아진 것이 직접적인 계기가 되었다.

더 많은 노동자를 보호하기 위한 한 걸음

「산업안전보건법」이 개정되면서 가장 핵심적으로 달라

진 부분은 법적으로 보호받을 수 있는 노동자의 범위가 확대된 것이다. 이전의 「산업안전보건법」은 「근로기준법」에 있는 하나의 챕터가 독립해서 나온 것이었기 때문에 보호의 대상을 「근로기준법」상 '근로자'라고만 규정했다.

그런데 2019년에 개정된 「산업안전보건법」에서는 '노동자' 대신 '노무 제공자'라는 말을 사용하는데, 이는 전통적으로 근로 계약을 맺고 일하는 사람 이외에도 플랫폼 종사자나 1인 하청 노동자, 또는 이와 유사한 고용 형태로 산업 현장에서 일하는 사람들까지 포괄해서 안전권을 보장해주는 개념이다.

2강의 마지막 부분에서도 이야기한 것처럼 산업재해에서 눈여겨볼 큰 문제는 위험 업무의 상당 부분을 하청 노동자가 맡는다는 점이다. 기업이 수직적으로 분해되면서 비용 절감을 위해 더 위험하고 열악한 공정들을 하청으로 외주화했는데, 안전관리에 필요한 충분한 비용을 지급하지 않음으로써 사망에 이르는 대형 산업재해가 자주 발생하게 되었다. 「산업안전보건법」의 전면 개정은 이에 대한 대응으로 추진되었다. 기존에는 원청과 하청의 관계에서 도급 기업이 수급 기업에 소속된 노동자에 대한 책임을 지는 것 역시 열네 개 정도의 위험한 장소에서 작업했을 때만 해당될 만큼 상당히 제한적이었으나 법이 개정되면서 작업장의 기준도 더 넓게 확장되었다.

개정 전 「산업안전보건법」에서는 산업재해를 인정받는 데 애매한 기준들이 있었다. 사업의 전부가 도급인지 또는 일부가 도급인지, 그리고 도급인 근로자와 수급인 근로자가 같은 장소에서 작업했는지, 고용노동부령으로 정하는 산업재해 발생 위험이 있는 22개 위험 발생 장소에서 작업했는지 등에 따라 사안마다 법 적용을 놓고 논란이 발생했다. 즉, 수급인 근로자에게 산업재해가 발생하더라도 일부 도급이 아니라서 또는 22개에 속하는 위험 장소가 아니라서 책임을 묻지 못하는 결과가 발생한 것이다.

게다가 제29조 제1항에서 말하는 '사업'을 '본래 사업과 그 사업의 목적을 달성하기 위해 반드시 필요한 업무'만으로 좁게 해석하면 도급인의 책임 범위 역시 축소하게 된다. 하지만 일반적인 사업에서 생산설비의 유지, 개·보수 작업, 청소 경비 등 모든 업무는 직·간접적으로 사업에 꼭 필요한 업무다. 그렇기 때문에 어떤 업무를 수행하든 도급인에게 책임이 없다고 볼 수 있는 합리적인 이유가 없다. 따라서 개정 전 「산업안전보건법」에서도 일을 맡긴 경영자에게 위험을 관리해야 할 권한이 있다면 도급의 유형이나 위험 장소에서의 작업 여부 등에 관계없이 수급인 근로자의 안전·보건 조치에 대해 책임지는 것이 옳다.

개정법에서는 이를 조금 더 구체적으로 명시했다. 경영자의 안전 및 보건 의무를 확대하기 위해 도급 및 도급인과 발주자의 개념을 명확히 한 것이다. 업무를 하청받은 근로자가 도급인의 사업장이나 그가 정한 장소에서 작업하게 되면, 안전·보건 측면에서 보호받을 권리를 갖는다. 여기에서 말하는 장소는 대통령령으로 규정했고, 경영자가 수급인 근로자가 일하는 장소, 시설 등의 위험에 대해 관리할 권한이 있다면 어떤 상황이든 상관없이 수급인 근로자의 안전 및 보건 조치를 책임져야 한다. 구체적인 조치 의무는 현행 입법 방식과 같이 하위법령인 안전보건 규칙을 따르도록 하되, 불법파견 등의 분쟁이 발생할 수도 있는 사안에 대해서는 예외 규정을 두었다. 한편, 이를 위반한 도급인에게는 3년 이하의 징역 또는 3000만 원 이하의 벌금에 처하는 규정을 도입했다.

산업재해를 획기적으로 줄이고 안전하고 건강하게 일할 수 있는 환경을 조성하기 위해 법이 보호해야 하는 대상에 다양한 고용 형태의 노동자가 포함될 수 있도록 넓혔다. 또한 노동자가 위험에 놓였을 때 작업을 중지하고 긴급 대피할 수 있다는 내용도 명시하는 한편, 사업주가 노동자에게 불이익한 처우를 하는 경우에는 법적인 제재를 할 수 있도록 해 노동 안정성을 높였다.

개정안에는 노동자의 안전과 보건을 위해서 도금 작업처럼 유해한 환경에서 위험에 노출될 가능성이 매우 높은 작업에 대해서는 원칙적으로 도급을 금지하는 내용도 포함했다. 원청에서 특정한 업무에 도급을 줄 경우, 수급 기업의 노동자에 대해서도 산업재해 예방 책임을 강화하며, 노동자의 안전이나 건강에 악영향을 미치는 화학물질을 사용할 때는 국가가 직접 관리하도록 했고, 그 밖에도 어려운 법 조문을 다시 정리해 국민들이 이 법을 쉽게 이해하도록 개정했다.

이 법을 개정할 당시 우리나라에서 산업재해로 인한 사망 사고자 수는 연간 850여 명에 이르렀고, 이는 OECD 주요 선진국보다 두 배 이상 높은 수준으로 당사자뿐 아니라 숙련된 기술자를 잃는 국가 경제 면에서도 큰 손실이었다. 법이 개정됨으로써 보호받는 노동자의 범위가 상당히 넓어진 것은 고무할 만한 일이다. 다만 여기에도 한계는 존재하는데, 이는 뒤에서 차차 살펴보기로 하겠다.

책임 소재를 명확하게 하는 것
: 「산업안전보건법」 2

안전과 보건이란 무엇일까?

「산업안전보건법」은 여러 번의 개정 끝에 지금의 모습을 갖추게 되었다. 모든 법이 그렇듯 완벽하다고 할 수는 없지만, 이전에 비해 경영자의 책임을 강화함으로써 노동자의 안전과 보건 범위를 확장했다는 점은 긍정적으로 봐야 한다. 그렇다면 「산업안전보건법」의 목적은 무엇이며, 어떤 내용으로 이루어져 있는지 하나씩 짚어보자.

「산업안전보건법」의 목적은 말 그대로 산업 안전 및 보건에 관한 기준을 확립한다는 것이다. 이 기준을 준수함으로써 산업재해를 예방하고 책임 소재를 명확히 하는 것이 가장 큰 목적이다.

그렇다면 이 기준이란 무엇일까? 사람에 따라서는 안전·보건이라는 말이 모호하게 느껴질 수 있다. 먼저 이 두 용어를 정의해보면 안전(safety)이란 '지속적인 위해 요인(hazard)을 발굴하고 위험 관리(risk management)를 통해 인명 피해나 재산 손실을 불러일으킬 수 있는 위험(risk)이 받아들일 만한 수준 이하로 유지되는 상태'를 말한다. 울리히 벡의 말처럼 위험을 완전히 없애기는 불가능하므로 최대한 감당할 수 있는 한도 아래로 낮추는 것이 바로 안전이다.

보건(health)이란 '일하는 장소에서 노동자가 접촉하는 물체 또는 환경으로 인해 질병이 발생할 가능성이 있는 경우(이를 유해라고 한다), 이러한 유해성을 제거함으로써 질병 방지 등을 꾀하는 것'을 말한다. 산업 현장에는 필수적으로 여러 가지 유해 요인들이 존재하게 된다. 보건은 소음을 비롯해 분진, 유해 물질 등과 같은 유해 요인으로부터 노동자를 보호하는 것이다.

　이러한 정의에 근거해 「산업안전보건법」을 설명해보면 안전과 보건을 사업장에서 어떻게 유지해야 하는가에 관한 기준을 국가가 설정하고 제시하는 것이다. 몇 문장으로 간단하게 정의했지만, 안전·보건이란 실제로는 상당히 복잡한 문제다. 업종에 따라 위해 요인, 위험, 수용 가능한 수준, 질병 등 정의에 포함된 용어가 각각 다르게 적용되기 때문이다. 여기에서 말하는 위험은 단순히 광산, 건설 현장, 공장, 기계 관리 등 생산 업무에서 발생할 수 있는 위험에만 해당되는 것은 아니다. 실내에서 일하는 사무직 노동자는 물론 1인 사업자 형태인 택배기사나 보험설계사, 방문 학습지 교사 등도 모두 포함된다.

　근로의 범위는 넓고, 모든 형태의 노동을 법으로 포괄하기란 사실상 불가능에 가깝다. 그래서 각 사업장은 산업재해로부터 노동자를 보호하기 위해 원인을 분석하고 위험을 발생시키는 원인을 제거할 목적으로 안전 대책을 수립해야 한다. 이러한 안전 대책에는 기술, 교육, 관리라는 3대 요소를 유기적으로 활용해야 한다. 이에 관한 기준은 「산업안전보건법」, 시행령, 시행규칙을 비롯해 '산업안전보건기준에 관한 규칙'(고용노동부령 제251호)에 자세히 규정되어 있다. 특히 여기에서는 산업 안전 보건 기준에 관한 사항과 그 시행에 필요한 내용을 673개 조문에서 자세히 명시하고 있다.

예를 들어, 2강에서 말한 SPL 기계 끼임 사망 사고 같은 경우에도 공장에 교반기를 설치할 때에는 끼임 방지를 위한 안전장치 설치가 의무라는 것이 이 규칙에 나와 있다. 경영자가 이 700개 조항을 모두 숙지하는 것은 불가능하므로, 안전관리자나 보건관리자를 세워 자신의 사업장에 해당하는 규칙만이라도 준수하도록 하는 것이 이 법의 목적이다.

누구나 쾌적한 환경에서 일할 권리가 있다

이렇게 만든 기준은 지켜져야 의미가 있다. 따라서 사업장에서 실제로 이 규칙들이 제대로 지켜지는지를 감독해야 한다. 그래서 고용노동부에서는 근로감독관을 두고 기업들이 「산업안전보건법」을 제대로 준수하는지 감독하고 있다. 행정 기관의 직원이 불시에 현장을 방문해 조사하는 방식인 임검(臨檢)을 시행함으로써 살펴보기도 하고, 누군가 진정을 제기하거나 법 위반을 신고하면 수사를 하기도 한다. 사전에 현장 상황을 점검하는 것은 물론, 책임 소재를 가리기 위한 절차를 하나씩 밟아나간다. 「산업안전보건법」은 기본적으로 재해가 발생하기 전에 안전·보건 의무를 준수하도록 엄격히 강제함으로써 산업재해가 발생하지 않도록 선제적으로 감독하는 업무가 주를 이룬다.

「산업안전보건법」은 당사자의 의사와 상관없이 강제로 적용되는 강행 규정이므로, 이를 위반했을 경우에는 책임 소재를 명확히 밝히는 내용도 포함했다. 여기에서 말하는 책임이란 법적 책임이며, 구체적으로는 재해가 발생했을 때 어떻게 손해배상을 할지와 같은 민사책임과 「산업안전보건법」 위반으로 인한 형사책임, 그 외에 작업 중지 명령에 따른 작업 중지 의무, 신고 의무, 과징금 또는 과태료 납부 의무 등이 포함되는 행정법상 책임으로 나뉜다.

민사책임이란 억울한 일을 당해 손해와 손실이 발생했을

때, 원인을 제공한 대상에게 이를 변상하라고 요구하는 행위다. 민사상의 손해배상책임에는 민법에 따라 채무불이행에 의한 손해배상책임과 불법행위에 의한 손해배상책임 등이 있다.

형사책임은 형법에 규정된 벌칙을 따르는 것으로, 국가가 국민에게 가하는 가장 날카로운 제재다. 사형, 징역, 금고 등 생명권이나 자유권과 같은 국민의 기본권을 제한하거나 박탈하는 내용을 담고 있으며, 기본권을 제한하는 내용이므로 처벌 요건은 엄격한 편이다. 형법이 정한 내용을 위반했을 때 처벌하게 되며, 「산업안전보건법」도 이러한 형벌 규정을 포함하고 있다.

마지막으로 행정법상 책임은 국가가 국민에게 의무를 부과하는 것이다. 「산업안전보건법」은 행정법적인 성격이 강하다. 경영자는 사업을 운영할 때, 「산업안전보건법」의 적용 대상이 되므로 법에서 규정하는 여러 기준을 준수해야 할 의무와 책임을 갖는다.

특히 이 법은 산업재해를 예방하는 것이 가장 큰 목적이므로 행정법상 누가 책임을 지느냐가 중요한데, 그 주체는 사업주, 법인의 대표자나 법인 또는 개인의 대리인, 사용인, 그 밖의 종업원, 안전보건관리 책임자, 관리 감독자, 안전관리자, 보건관리자, 안전보건관리자, 일반 국민 등 사건의 유형에 따라 다양하다.

마지막으로 「산업안전보건법」의 목적은 안전·보건의 유지와 증진이다. 이는 쉽게 말하자면, 노동자가 어떤 기업에서 일할 때 그 작업 환경이 쾌적해야 한다는 의미다. 노동자는 하루의 3분의 1 혹은 그 이상의 시간을 사업장에서 보낸다.

특히 우리나라는 다른 선진국에 비해 평균 근로 시간이 매우 긴 편이다. 연간 약 1,900시간으로, 독일의 1,300시간에 비해 연간 600시간이나 더 많은 시간을 사업장에서 보내고 있다. 따라서 노동 환경이 쾌적하지 않으면 직업병이 발생할 위험성이 더 높아진다.

쾌적한 환경은 앞서 언급한 안전·보건 기준을 준수하고, 사용자가 노동자와 근로 계약을 체결할 때 이 계약에 따라오는 안전 배려 의무 같은 것들을 이행할 때 보장될 수 있다.

산업재해란 무엇인가?

우리는 통상적으로 산업재해라는 말을 자주 사용한다. 하지만 산업재해가 정확히 무엇인지 정의할 수 있는 사람은 많지 않으며 대부분은 그저 일하다 다친 것으로 생각하기 쉽다.

그렇다면 「산업안전보건법」에서는 산업재해를 어떻게 정의하고 있을까? 제2조 제1항을 살펴보자.

> '산업재해'란 노무를 제공하는 사람이 업무에 관계되는 건설물·설비·원재료·가스·증기·분진 등에 의하거나 작업 또는 그 밖의 업무로 인하여 사망 또는 부상하거나 질병에 걸리는 것을 말한다.

이 조항에서 말하는 노동자의 범위는 앞서 말한 것처럼 「산업안전보건법」의 전면 개정과 함께 확연히 넓어졌다. 다만, 「산업안전보건법」에서 말하는 산업재해는 예방 측면이 강하므로 이보다는 조금 더 확장된 정의가 필요했다.

그래서 이와 관련한 또 다른 법인 「산업재해보상보험법」에서는 보상의 측면까지 아우르는 규정을 포함했다. 이 법의 제5조 제1항에서는 "'업무상의 재해'란 업무상의 사유에 따른 노동자의 부상·질병·장해 또는 사망을 말한다."라고 명시함으로써 「산업안전보건법」과 비교해 '업무상의 연관성'만 확인되면 산업재해라고 판단해 적용 범위를 넓혔다. 또한, 산업재해로 인한 사망, 부상, 질병뿐 아니라 장해까지 추가함으로써 피해에 대해 장기간 보상받을 수 있는 여건을 마련했다.

조금 더 정확하게 살펴보면, 「산업재해보상보험법」은 산업재해 보상보험을 기반으로 노동자의 업무상 재해를 빠르고 공정하게 보상하며, 재해 노동자의 재활과 사회 복귀를 돕기 위해 이에 필요한 보험 시설을 설치하고 운영한다. 하지만 「산업안전보건법」과 마찬가지로 재해를 예방하고 그 밖에 노동자의 복지를 높이기 위한 사업을 시행해 노동자를 보호한다는 점에서 기본적으로는 유사한 개념이다.

예를 들어, 어떤 근로자가 사고로 손가락이 잘리는 부상을 당했다고 가정해보자. 부상에 대한 치료와 요양은 국가가 책임지지만, 사라진 손가락을 다시 만들 수는 없으므로 이 노동자에게는 완치가 어려운 장애가 남아서 노동력이 상실된 상태가 유지된다. 이런 상황에 대해서도 국가가 책임지고 이후에도 사고 전과 같은 평범한 삶을 누릴 수 있도록 장해급여가 지급되어야 한다.

「산업재해보상보험법」에서 말하는 보상은 물리적인 부상에만 해당하지 않는다. 극단적인 예지만, 직장 내 괴롭힘으로 조울증과 같은 양극성 정신질환을 앓는 사람이 있다고 해보자. 정신질환 자체도 업무상 재해지만, 괴롭힘을 견디지 못하고 스스로 목숨을 끊은 경우, 법적으로 보상받을 수 있을까? 「산업안전보건법」만으로는 이것이 산업재해에 해당되는지 논란이 될 수 있지만, 「산업재해보상보험법」에서는 이 역시 보상해주어야 하는 업무상 재해로 인정하는 사례가 늘고 있다. 따라서 두 법 모두 산업재해를 예방하고 보상한다는 측면에서 각각 의의가 있는 셈이다.

「산업안전보건법」은 모든 사업에 적용된다. 행정적으로 해석할 때 사업이란 어떤 일을 일정한 목적과 계획에 따라 짜임새 있게 계속해서 경영하는 것을 의미한다. 또한, 사업장이란 어떤 사업 활동이 이루어지는 장소를 의미한다. 여기서 사업장은 여러 곳에 분산되어 있다 하더라도 각각의 장소가 업무 처리 능력 등을 고려했을 때 하나의 사업장이라 말할 정도로 독립성이 없다면 상위 조직과 결합해 하나의 사업장으로 보기도 한다.

물론 현행 「산업안전보건법」에서도 모든 사업이 적용 대상이 되는 것은 아니다. 「산업안전보건법」 제3조 단서를 살펴보자.

> 유해·위험의 정도, 사업의 종류, 사업장의 상시근로자 수 등을 고려하여 대통령령으로 정하는 종류의 사업 또는 사업장에는 이 법의 전부 또는 일부를 적용하지 아니할 수 있다.

예를 들어, 「산업안전보건법」 시행령 '별표1'에서는 "사무직에 종사하는 근로자만을 사용하는 사업장"에 대해서는 안전·보건 관리 체제에 관한 조항, 안전·보건 관리 규정에 관한 조항, 안전·보건 교육에 관한 조항 등의 적용을 제외

한다고 규정하고 있다. 이러한 예외 규정은 사무직의 경우 상대적으로 위험이 덜하다는 점을 고려한 것이다.

여기에서 말하는 사무직은 주로 문서를 처리하는 일을 다루는 직무로, 기업 전략이나 기획·관리·지원 업무 등 직접적인 산업 활동이 아니라 경영지원 업무 등에 종사하는 사람을 의미한다.

또한, 사무직에 종사하는 근로자로만 구성된 사업장이 적용 제외 대상이므로 일부라도 영업직이나 마케터 등 사무직 이외의 근로자가 종사할 경우에는 제외 대상에 해당하지 않는다는 점을 유의해야 한다.

정부와 기업, 안전을 책임지는 두 갈래 축

「산업안전보건법」을 보면 기본적으로 사업주의 책무와 노동자의 책무를 중심으로 설명하고 있다. 그렇다면 여기에서 정부의 책임은 배제한 것일까? 아니다. 정부는 모든 책임의 가장 위에 존재하며 보건과 관련된 정책을 만들고 집행할 의무가 있다. 역사상 모든 정부는 안전·보건과 관련해 중대 재해를 감축하는 로드맵을 제시하는데, 이번 정부역시 마찬가지다. 「산업안전보건법」에서는 정부가 책임져야하는 안전 범위에 관해 다음과 같이 구체적으로 제시하고있다.

▶ 「산업안전보건법」상 정부의 책무

1. 산업 안전 및 보건 정책의 수립 및 집행
2. 산업재해 예방 지원 및 지도
3. 「근로기준법」 제76조의 2에 따른 직장 내 괴롭힘 예방을 위한 조치 기준 마련, 지도 및 지원
4. 사업주의 자율적인 산업 안전 및 보건 경영 체제 확립을 위한 지원
5. 산업 안전 및 보건에 관한 의식을 북돋우기 위한 홍보·교육 등 안전 문화 확산 추진
6. 산업 안전 및 보건에 관한 기술의 연구·개발 및 시설의 설치· 운영
7. 산업재해에 관한 조사 및 통계의 유지·관리
8. 산업 안전 및 보건 관련 단체 등에 대한 지원 및 지도·감독
9. 그밖에 노무를 제공하는 사람의 안전 및 건강의 보호·증진

하지만 「산업안전보건법」에서는 정부보다 사업주의 의무를 더욱 중요하게 강조한다. 사업주가 지켜야 할 안전·보건조치는 고용노동부 장관령으로 만든 안전보건 규칙에 따라 약 700여 개의 조항이 있을 정도로 아주 세세하고 구체적이다. 각 사업장에서는 이 가운데 필요한 사항을 선별해 확인해야 하며, 모든 사업주가 반드시 명심해야 할 대표적인 사항은 다음 두 가지다.

첫 번째는 제38조의 '안전조치', 두 번째는 제39조의 '보건조치'다. 즉, 앞서 말한 안전(safe)과 보건(health)을 「산업안전보건법」에서 지켜야 할 가장 중요한 키워드로 다루고 있는 것이다. 이 두 가지 내용을 구체적으로 살펴보자.

제38조 ① 사업주는 다음 각 호의 어느 하나에 해당하는 위험으로 인한 산업재해를 예방하기 위하여 필요한 조치를 하여야 한다.

제39조 ① 사업주는 다음 각 호의 어느 하나에 해당하는 건강장해를 예방하기 위하여 필요한 조치(이하 "보건조치"라 한다)를 하여야 한다.

제38조에서는 제1항 아래로 각종 위험 사례를 나열해 물리적인 위험이나 위험 작업, 위험 장소에 발생하는 산업재해를 예방하기 위한 안전 조치 의무를 지켜야 한다고 명시했다. 제39조에서도 마찬가지로 노동자의 건강을 위협하는 장애 요인을 세부적으로 설명하면서 이를 예방해야 한다고 요구한다. 그 외의 구체적인 사항은 이 두 개의 조문에 근거해 안전보건 규칙에서 정하고 있는 것이다.

「산업안전보건법」상 사업주가 취해야 하는 구체적인 안전·보건 조치의 내용은 대상이 자주 달라지며, 범위 또한 매우 넓다. 사업장마다 사용하는 기계의 종류가 모두 다르고 기술 수준 역시 급속도로 발달하기 때문이다. 따라서 이러한 세부적인 부분까지 법률에 모두 규정하는 것은 현실적으로 불가능하므로 그때그때의 필요나 기술의 발달 정도에 따라 계속해서 규정을 추가하고 신설하며 개정할 필요가 있다. 이러한 규정은 시의적절하게 적용될 수 있도록 법령으로 위임하는 게 일반적이다. 「산업안전보건법」에도 제38조 제4항과 제39조 제2항에 근거해 고용노동부령에 위임한다는 점이 명시되어 있다.

이런 조치들을 사업장에서 순조롭게 모두가 잘 지킨다면 아마 관리 측면에서 법 집행이 상당히 편할 것이다. 하지만 재정 문제나 규칙을 제대로 숙지하지 못하는 등의 이유로 제대로 지켜지지 않는 경우가 허다하다. 이렇게 사업주가 안전조치 또는 보건조치의 의무를 위반할 경우에는 5년 이하의 징역 또는 5000만 원 이하의 벌금에 처하게 된다. 이는 형사처벌에 해당한다. 더 나아가 안전조치나 보건조치를 위반해서 노동자가 사망에 이를 경우에는 7년 이하의 징역 또는 1억 원 이하의 벌금으로 더 무거운 처벌을 받게 된다.

노동자가 사망에 이르는 심각한 사고는 폭행치사, 상해치사처럼 고의로 어떤 행위를 했을 때 예견할 수 있는 결과가 발생하는 결과적 가중범에 해당한다. 따라서 사망 사고에는 더 무거운 처벌이 따르는 것이다. 이것은 가벼운 처벌은 아니다. 하지만 「산업안전보건법」으로 사업주를 처벌하는 데는 한계가 있었다. 이에 따라 「중대재해처벌법」을 제정해야 한다는 논의가 나오게 되었다.

03

더 나은 근로 환경을 만들기 위하여
:「중대재해처벌법」1

「중대재해처벌법」은 어떻게 탄생하게 되었을까?

안전·보건과 관련해 전문가나 관련 산업 종사자뿐 아니라 일반 시민들까지 중대 재해에 관심사가 많이 올라간 이유 가운데 하나는 2021년 1월에 제정되어 2022년 1월에 시행된 「중대재해처벌법」일 것이다. 앞서 1, 2강에서도 설명한 것처럼 「중대재해처벌법」은 기존에 「산업안전보건법」이 사전 예방에 관해서는 구체적인 기준을 마련했으면서 심각한 산업재해가 발생한 이후 처벌 조항은 사용자들에게 강제력을 행사할 만큼 충분하지 않았기 때문에 생겨나게 되었다.

이 법이 생겨나기 전, 우리나라에서 산업재해로 인한 사망 사고가 발생하면 「산업안전보건법」 위반에 관해서는 노동부에 소속된 근로감독관이, 형법상 업무상 과실치사상죄에 관해서는 경찰이 초기 수사를 진행했다. 이러한 수사를 거쳐 검찰이 공소를 제기하면, 법원에서 「산업안전보건법」 위반과 업무상 과실치사상죄에 관해 판결했다. 문제는 이러한 범죄에 징역형이 선고되더라도, 집행유예 정도로 판결이 경미한 경우가 대부분이었고, 법인 사업주에게는 벌금형만 선고할 수 있는데 그 금액도 대체로 1000만 원을 넘지 않았다. 2강에서 살펴봤듯이 2020년 사망 산재 벌금 평균액은 약 700만 원 정도로 매우 적었다.

사업장에서 일하다가 안전 규정 미비로 인한 위험 때문에 사망에까지 이르게 되었는데, 이에 대해 사용자가 과실 또는 약간의 미필적 고의가 있는 상황임에도 형이 가볍게 나온다고 하면 법에 대한 집행력은 당연히 떨어질 수밖에 없다. 사용자는 사업을 운영하면서 늘 비용을 절감하는 방식을 택하게 된다. 따라서 산업재해에 대한 법적 강제력이 떨어지면 사용자는 사고를 예방하는 비용을 들이기보다는 법을 어기고 벌금을 내는 게 더 효과적이라고 판단한다. 재해 예방을 안전·보건 측면에서 생각하지 않고, 그저 비용과 편익 문제로만 여기게 되는 것이다.

게다가 「산업안전보건법」상 형사처벌은 대표이사나 최고경영자가 아니라 현장 소장이나 공장장 등 중간 관리자가 받는 경우가 많았다. 법인에 가해지는 형벌은 고작 벌금형뿐이었으므로 안전·보건에 관해 의사 결정권을 가지고 최종 책임을 져야 하는 경영자는 오히려 이 문제에 소홀해지는 결과를 낳았다.

중대산업재해뿐 아니라 중대시민재해 역시 「중대재해처벌법」을 제정하는 데 결정적인 영향을 미쳤다. 2011년부터 사회적 문제로 대두된 '가습기 살균제 사건'이나 2014년 발생한 '세월호 사고'처럼 수많은 불특정 시민의 목숨을 앗아간 사건 사고들이 대표적이다. 일반 시민들은 산업재해보다 중대시민재해에 더 큰 관심을 갖고 여론을 형성하기 마련이다. 이러한 사건의 배후를 차지한 기업들이 제대로 처벌받지 않는 상황을 지켜본 국민들 역시 「중대재해처벌법」이 제정되는 데 큰 역할을 했다.

국회에서 법률을 제안할 때는 대체로 국회의원 열 명 이상의 발의 또는 국무회의 의견에 따른 정부 발의라는 기준을 따르는데, 이 법은 특이하게도 국민청원이 법을 만든 단초가 되었다. 이 법이 필요하다고 판단한 사람 10만 명 이상이 국민청원에 서명함으로써 국회에서 처음으로 논의가 시작되었다. 한국이 다른 선진국에 비해 산업재해나 시민재해가 상당히 심각한 상태임에도 그에 관한 법령이 미비하고 책임자에 대한 형사처벌이 약하다는 공감대가 전 국민적으로 형성되어 있었기 때문에 비롯된 결과였다. 즉, 산업재해에 관한 흐름과 시민재해에 관한 관심이 한데 묶여 법이 만들어진 것이다.

산업재해는 한 번 사고가 일어난 곳에서 또다시 반복해서 사고가 발생한다는 특징이 있다. 여기에는 여러 가지 이유가 있는데, 사업장에 고유한 위험이 존재할 수도 있고, 업종 자체가 사고에 취약한 업종일 수도 있다. 대표적인 것이 건설업인데, 그중에서도 유독 사망 사고가 많이 발생하는 사업장이 있다. 이런 사업장은 처음 중대산업재해가 일어났을 때, 「산업안전보건법」에 근거해 제대로 된 처벌을 받지 않은 채로 사고를 마무리하다 보니 이후에도 재해 예방에 심혈을 기울이지 않는 사례가 많았다. 「중대재해처벌법」은 이처럼 기존의 형사 제재만으로는 범죄 억지력을 갖기 어렵다는 반성적인 고려에서 탄생했다.

큰 권한에는 큰 책임이 따른다

이처럼 법인에게 중대 재해에 관한 법적인 책임을 묻는 법을 만든 것은 우리나라가 처음은 아니다. 영국에서는 「기업과실치사법」을 제정해 노동자가 산업재해로 사망에 이르는 중대 재해가 발생했을 때, 대표이사가 아닌 기업에 벌금형을 물리도록 했다. 하지만 참고할 만한 외국 사례가 있음에도 우리나라에서 이처럼 법인 자체를 처벌하는 법을 만드는 일이 만만치는 않았다. 법인은 말 그대로 자본금을 갖고 있는 법적인 주체다. 형벌은 국가가 국민에게 가하는 일종의 처벌 행위다. 따라서 법에 따라 인위적으로 만든 법인에 형벌을 가하는 것이 정당한가에 관한 논의가 오랫동안 이어졌다.

이것은 '형법학적인 도의적 책임론'이라는 표현으로 설명할 수 있다. 누군가를 처벌하기 위해서는 당사자에게 잘못된 행위나 생각, 잘못된 결과를 가져온 의식이 있어야 하고, 그 행위를 할 수 있는 눈에 보이는 물리적 실체가 있어야 하는데, 법인은 이런 식의 자연인으로 볼 수 없다. 법인(法人)에는 '사람 인(人)'자를 붙여 법적으로 마치 사람인 것처럼 권한과 실체를 부여했지만, 독일, 일본, 한국과 같은 대륙법계 국가에서는 법인이 범죄를 저지르는 행위자가 될 수 없다고 보았다. 따라서 「중대재해처벌법」은 이러한 법인의 불완전한 법적인 책임을 보완하기 위한 장치이기도 하다.

지금까지의 「산업안전보건법」상 제재가 제대로 기능하지 못한 것은 대표이사나 최고 경영자를 처벌하는 조항을 따로 두지 않았기 때문이었다. 사고를 일으킨 당사자인 현장 소장이나 공장장 등 중간 관리직은 설령 사고를 일으킨 1차 책임은 갖고 있을지 몰라도, 그들이 사고의 원인을 일으킨 주체는 아니었다. 즉, 그들에게 징역형을 구형한다고 해도 회사 내의 규칙을 총괄하고 비용에 대한 결정권을 가진 최고 경영자에게 아무런 제재가 가해지지 않는다면 앞으로도 같은 사고가 일어나지 않으리라는 보장이 없다는 뜻이다.

그래서 「중대재해처벌법」에서는 법인을 대표하고 사업을 총괄하는 사람인 경영 책임자를 사고의 책임자로 지정하고 안전·보건 의무를 부과한다. 경영자는 의무를 위반하는 것만으로는 처벌받지 않지만, 의무를 수행하지 않은 결과로 노동자가 사망하거나 복수의 노동자가 일정 기간의 치료 기간이 필요한 심각한 부상을 입는 사고에 관해서는 처벌을 받는다. 즉, 대기업이라도 대표이사가 수사를 받고 처벌을 받는 것이다. 다만, 중대 재해를 야기한 법인 사업주뿐 아니라 이와 별도로 대표이사와 같은 경영 책임자를 함께 처벌하는 데 대한 불만도 있다.

또한, 「중대재해처벌법」에 따르면 경영 책임자 외에 법인 기업도 벌금형의 제재를 받는다. 이론적으로 보면 '법인'은 영혼과 몸이 없는 법적 의제(legal fiction)다. 따라서 법인은 그 목적과 관련한 범위에서 권리 능력이 있을 뿐, 범죄를 저지르지는 못한다. 범죄를 저지르는 것은 법인과 관련된 사람이다. 그래서 대륙법의 전통에서는 법인의 범죄 능력을 부정한 것이다.

물론 기업범죄에 대해 적극적으로 대응하기 위해 법인도 범죄의 주체가 될 수 있다는 것을 인정하는 방향으로 형법을 개정할 필요는 있다. 사람에게 사형이나 자유를 구속하는 형벌을 구형하듯, 형법을 전면적으로 개정해 법인의 해산이나 영업정지를 형벌로 도입하는 것도 불가능하지는 않다. 그러나 조금 더 생각해보면 법인에 고액의 벌금을 부과하거나 나아가 법인 자체를 해산할 경우 실제로 죄를 지은 사람 이외에 그 법인과 관계가 있는 선량한 근로자, 주주, 회사 채권자에게 미치는 손실까지 고려하면 피해를 보는 사람은 눈덩이처럼 불어나게 된다.

이러한 기업범죄의 처벌에 관한 딜레마에 대해 미국의 엔론(Enron) 사건의 주임검사였던 새뮤얼 부엘은 2016년에 발간한 책『기업범죄: 미국의 회사 시대에 기업범죄와 처벌(Buell, Samuel W, *Capital Offenses: Business Crime and Punishment in America's Corporate Age*, W.W. Norton & Co. 2016)』에서 다음과 같이 쓰고 있다.

"범죄자로서의 기업이라는 발상은 수수께끼 같다. 특히 학계에 있는 많은 사람이 기업을 형사처벌하는 것은 이치에 닿지 않는다고 주장한다. 기업은 감옥에 가둘 수 없다. 그리고 기업은 스스로 악행을 저지르지는 않는다. 기업은 법에 규정된 살인, 폭행, 절도, 사기와 같은 범죄를 저지르는 데 필요한 영(靈)과 육(肉)을 가지고 있지 않다. 범죄를 저지르는 자는 기업을 위하여 일하는 사람들뿐이므로, 법은 그러한 사람들만 처벌해야 한다. …… 엔론 사건에서 아서 앤더슨 회계법인이 기소되어 폐업했을 때 발생한 낭비를 보라. 기업을 형사처벌하는 것은 부(富)를 쓸어버리고 아무런 잘못이 없는 사람들의 일자리와 퇴직연금을 날려버릴 수 있다. …… 대륙봉이나 셰비(Chevy)와 새턴(Saturn) 사고들은 그 종업원들을 고용해 그러한 재앙을 야기한 기업의 탓으로 돌리지 않고서는 설명할 수가 없다. …… 이것이 기업의 형사 책임의 딜레마다. 기업들을 감옥에 가둘 수 없더라도, 어떤 기업들은 형사처벌을 받아야만 한다. …… 그러한 딜레마에 대한 신묘한 해결책은 없다. 다만, 이상적인 접근법과 그보다 덜 이상적인 접근법 사이의 선택만이 있다."

회사의 채권자는 물론, 소유와 경영이 분리된 주식회사에서는 주주도 회사의 경영상 의사결정에 실질적인 영향력을 행사할 수 없다. 근로자도 경영 책임자의 명령에 따라 노동력을 제공했을 뿐 의사결정에 참여하지는 못한다. 따라서 법인의 범죄 능력을 인정하고 있지 않은 우리나라의 현행 형사법 체계 아래서는 기업의 최고 경영자에게 '안전 및 보건 확보 의무'를 부과하고 그러한 의무를 고의로 위반해 중대 재해를 발생시킨 경우 형법에 따라 처벌하는 규정을 두어 심리적으로 의무를 강제하는 것이 법인기업에서 중대 재해의 발생을 막기 위한 최선의 방법이다.

지금까지 설명한 「중대재해처벌법」과 관련된 여러 가지 반론은 연구자들 사이에서는 충분히 나올 수 있는 내용이다. 다만 법이 가진 실효성의 측면에서 생각해본다면 이 방식이야말로 기업들이 안전·보건과 관련해 예산을 책정하고 집행하는 데 가장 효과적이다. 이제 경영자들은 자신이 처벌받지 않기 위해 장시간 무리해서 근로하지 않도록 더 많은 직원을 뽑고, 노후한 생산 설비를 없애고 새로운 기계를 들이고, 사고를 막기 위한 안전장치를 추가하는 등 대형 재해를 막는 데 최선을 다할 수밖에 없다. 그 결과 실제로 위험이 줄어드는 것이 바로 이 법이 갖고 있는 예방의 기능이다. 처벌이란 기본적으로 잘못한 것에 대한 제재와 응보의 성격이 있지만, 또 다른 속성으로 겁을 주는 것도 있다. 책임자들에게 심리 강제의 효과가 있다는 것만으로도 중대재해가 줄어들 수 있으므로 이 법이 가진 의의는 충분하다고 볼 수 있다.

법 뒤에 숨어 있던 진짜 책임자

그렇다면 이 법에서 말하는 경영 책임자는 구체적으로

누구일까? 조금 어렵게 말하자면 그들은 '안전·보건 확보 의무의 수범자로 법정된 자연인'으로, 그들의 지위는 「중대재해처벌법」 위반죄의 구성요건적 신분에 해당한다. 구성요건이란 형법에서 범죄를 일으킨 행위를 말하므로 구성요건적 신분이란 이 법에서 정한 행위를 하지 않아야 할 의무가 있는 사람을 의미한다. 조금 더 상세하게 설명하면 다음과 같다.

먼저 중대재해처벌법 제2조 제9호 가목에서 경영 책임자에 관해 명시한 내용을 살펴보자.

> 사업을 대표하고 사업을 총괄하는 권한과 책임이 있는 사람 또는 이에 준하여 안전보건에 관한 업무를 담당하는 사람

여기서 "사업을 대표하고 사업을 총괄하는 권한과 책임이 있는 사람"이란 법인의 설립 근거 법령과 정관 등에 근거해 법인을 대표하는 동시에 사업을 총괄하는 '법률상 권한과 책임'이 있는 자를 의미한다. 앞에서 언급한 바와 같이

「중대재해처벌법」상 '경영 책임자 등'의 개념은 범죄를 구성하는 요건으로서의 신분을 규정하는 것이므로 엄격하게 해석할 필요가 있기 때문이다. 따라서 회사의 대주주 등이 회사의 경영에 일부 관여한다고 하더라도 이들은 법적으로 회사를 대표하거나 사업을 총괄할 만한 권한과 책임이 없다는 점에서 경영 책임자로 볼 수 없다.

'사업을 대표하는 권한', 즉 대표권이란 대외적 관계에서 법인을 대표해 법인의 의사를 표시할 수 있는 권한을 의미한다. 반면, '사업을 총괄하는 권한과 책임'은 회사 내의 관계에서 법인의 업무를 집행할 권한, 즉 업무집행권을 의미한다. 그런데 거래의 안전을 고려할 때 대외적 관계에서 대표권을 제한하는 것은 쉽지 않다. 회사와 거래하는 상대방의 입장에서는 그 회사의 대표이사에게 당연히 대표권이 있다고 믿을 것이기 때문이다.

반면, 대내적 업무집행권은 정관이나 주주총회 또는 이사회 결의에서 결정한 사항에 따라 임원과 권한을 나누는 것이 오히려 일반적이다. 그런데 「중대재해처벌법」 제2조 제9호 가목의 앞부분은 경영 책임자 등을 "사업을 대표하고 사업을 총괄하는 권한과 책임이 있는 사람"이라고 규정하고 있으므로 종합해서 따져보면 경영 책임자는 대외적으로 사업을 대표할 권한과 책임이 있으며 이와 동시에 대내적으로 사업을 총괄하는 권한과 책임이 있는 사람이다. 이렇게 이해해야만 제2조 제9호 가목 뒷부분에서 '이에 준하여 안전보건에 관한 업무를 담당하는 사람'을 별도로 규정한 이유를 파악할 수 있다.

다음으로 「중대재해처벌법」 제2조 제9호 가목 뒷부분을 구체적으로 살펴보자. "이에 준하여 안전보건에 관한 업무를 담당하는 사람"이란 법인 또는 기관에서 안전·보건에 관한 업무를 담당하는 사람 가운데 '사업을 대표하고 사업을 총괄하는 권한과 책임이 있는 사람'만큼 권한과 책임을 가진 담당자로 제한된다.

위 문구의 해석과 관련해 최고안전책임자(chief safety officer, CSO)가 경영 책임자 등에 해당하는지는 논란이 있다. 주식회사에서 대표이사는 경영에 대한 전문지식과 능력, 경험을 평가받아 이사회 또는 주주총회를 거쳐 선임된다. 따라서 상법에 따라 대표이사는 취임 후 대표권이라는 포괄적인 권한을 부여받으므로, 그 권한을 타인에게 위임하고 권한을 위임받은 사람이 회사를 대표하게 하는 것은 대표이사제 제도를 무의미하게 하는 것이므로 무효다. 그렇기 때문에 대표이사가 최고안전책임자를 선임하고 그에게 자신의 대표권을 위임하는 것은 허용되지 않는다. 그 명칭이 무엇이든 대표이사로부터 권한의 일부를 위임받은 사람이나 회사의 지시에 따라 업무를 수행하는 근로자는 경영책임자로 보기 어렵다.

또한, 상법에 따라 주식회사가 임원 가운데 특정인을 최고안전책임자로 선임하는 경우에도, 최소한 이사회의 결의를 거쳐야 한다. 이런 과정에 따라 임원 중에 한 명을 최고안전책임자로 선임했다고 하더라도 당연히 그를 경영 책임자에 포함할 수는 없다.

마지막으로 '이에 준하여'라는 말의 의미를 살펴보자. 이것은 '사업을 대표하고 사업을 총괄하는 권한과 책임이 있는 사람'만큼 권한이 있다는 의미다. 따라서 법률상 대표권은 없지만 특정 사업 부문에 대해서만 대리권을 받아 해당 사업 부문의 내외적 거래 행위에 관해 의사표시를 할 수 있고, 회사의 정관이나 이사회 결의 등에 따라 내부적으로 해당 사업 부문의 경영 활동을 총괄할 권한을 부여받은 사람 정도가 "이에 준하여 안전보건에 관한 업무를 담당하는 사람"에 해당된다.

04

인간의 목숨에는 값을 매길 수 없다

: 「중대재해처벌법」 2

안전은 하나의 시스템으로 굴러가야 한다

지금부터는 「중대재해처벌법」에서 경영 책임자에게 어떤 의무를 지우고 있으며 이를 지키지 않았을 때 어떤 처벌 규정을 두고 있는지 등을 구체적으로 살펴볼 것이다. 먼저 「중대재해처벌법」 제4조 제1항을 보자.

이 내용을 보면 네 가지 의무를 규정하고 있다는 것을 알 수 있다.

사업주 또는 경영 책임자 등은 사업주나 법인 또는 기관이 실질적으로 지배·운영·관리하는 사업 또는 사업장에서 종사자의 안전·보건상 유해 또는 위험을 방지하기 위하여 그 사업 또는 사업장의 특성 및 규모 등을 고려하여 다음 각 호에 따른 조치를 하여야 한다.

첫 번째는 안전·보건 관리 체계 구축 및 이행 조치다. 「중대재해처벌법」 제4조 제1항 제1호는 '개인 사업주 또는 (법인 또는 기관의) 경영 책임자가 조치해야 할' 의무의 하나로 재해 예방에 필요한 인적·물적 자원들을 투입해서 안전·보건 관리 체계를 구축해야 한다고 규정하고 있다. 즉, 시스템을 갖춰야 한다는 의미다. 여기에는 관리자를 고용하고 예산을 투입하고 매뉴얼을 만들고 이것이 잘 지켜지는지 점검하고 피드백을 받고 노동자들과 논의하는 일련의 절차가 모두 포함된다.

두 번째는 재해 발생 시 재발 방지 대책을 수립하고 이를 이행해야 한다는 것이다. 앞에서 300대 29대 1로 이루어진 하인리히의 법칙을 설명하면서 살펴본 것처럼 중대 재해는 경미한 수백, 수십 개의 사고가 전조 증상으로 일어난 후에 최종적인 현상으로 발생한다. 따라서 이 조치는 이미 발생한 재해에 관한 사후 조치를 말하는 것으로, 여기에는 조사와 결과 분석, 현장 담당자 및 전문가의 의견을 수렴해 유해하거나 위험한 요인 및 발생 원인을 파악하고, 비슷한 재해가 재발하지 않도록 안전장치를 갖추고 위험한 요인을 제거하는 것이 포함된다. 또한, 위험한 요인을 대체할 수 있는 상황을 조성하고 통제할 수 있는 방안을 검토해 종합적으로 개선 대책을 수립해야 한다. 특정한 공정에서 업무상 재해가 일어났을 때, 이를 개선하지 않고 그대로 넘어간다는 것은 사고의 고의성을 의심할 수도 있다. 이처럼 사람의 목숨을 경시하면서 영리와 이윤만을 추구한다면 법적으로 용납할 수 없다고 보는 것이다.

세 번째는 관계 법령에 따른 개선, 시정 명령의 이행이다. 우리나라에는 「산업안전보건법」뿐 아니라 안전·보건과 관련된 많은 법령이 존재한다. 이 법들은 대부분 공법 체계로 국가가 감독하고 있다. 이 법을 바탕으로 사업장에는 구체적으로 위험한 요소를 개선하거나 시정할 것을 요구한다.

이런 명령은 주로 법인에 내려지는데, 그러다 보니 이 명령을 이행하지 않아도 할 수 있는 처벌이란 대체로 법인에 과태료를 부과하는 정도다. 그런데 「중대재해처벌법」에서는 만약 회사의 위험한 공정에 대해 지방자치단체의 소관 부서가 개선 또는 시정 명령을 내렸을 때, 경영 책임자가 이를 따르지 않아서 사망 사고가 생긴다면 책임자를 처벌할 수 있다.

네 번째는 안전·보건 관계 법령에 따른 의무를 이행하기 위한 관리상의 조치다. 이를 수행해야 하는 대상은 원칙적으로 해당 법인이다. 따라서 사업주가 법인인 경우, 경영 책임자는 「중대재해처벌법」 제4조 제1항 제4호에 따라 자신이 대표하고 사업을 총괄하는 법인 또는 기관이 안전·보건 관계 법령상 의무를 이행하는 데 필요한 '관리상의 조치'를 의무적으로 실행해야 한다. 어떤 안전 법령을 준수하지 않는 것만으로는 「중대재해처벌법」이 아니라 해당 법령에 따른 제재가 부과된다. 보통은 과태료나 행정 형벌 정도지만 사고로 인해 근로자가 사망할 경우에는 「중대재해처벌법」에 따라 경영 책임자를 처벌하겠다는 것이 핵심이다.

어떤 회사의 대표이사가 된다는 것은 사회적으로나 경제적으로 상당한 부와 권력을 거머쥔다는 의미다. 하지만 책임이 따르지 않는 권한은 없다. 중대 재해가 발생하지 않을 사업장이라면 괜찮겠지만, 업종의 성격이나 과거 활동을 봤을 때 중대 재해가 발생할 가능성이 있는 사업장이라면 고민이 필요하다. 안전·보건 관련 법령을 준수하고, 이전에 정부나 지자체에서 시정 또는 개선 명령이 들어온 적이 있는지도 챙겨야 한다. 회사 내에 매뉴얼을 만들고, 재해가 발생하면 다시 발생하지 않도록 위험 요소를 철저히 파악해 개선해야 한다.

이런 모든 책임을 따랐음에도 재해가 발생했다면, 처벌받지 않는다. 결론적으로 「중대재해처벌법」은 중대 재해가 발생했다고 해서 무조건 처벌하는 법이 아니다. 결과 책임이 아니라 지금까지 설명한 네 가지 조치 의무를 제대로 이행하지 않았을 때, 즉 의무 위반과 결과 사이에 인과관계가 있어야 처벌된다. 이러한 핵심을 이해해야 「중대재해처벌법」이 경영 책임자에게 무조건 제재를 가하는 가혹한 법이 아니라 노동자와 경영자를 모두 보호하는 일종의 안전장치임을 명확히 알 수 있다.

회사 밖의 사람도 보호받아야 한다

앞서 몇 차례 언급한 것처럼 20세기 후반이 되자 이전까지 포디즘적으로 하나의 법인 안에 모든 자원을 수직으로 쏟아부어 사업하던 형태에서 벗어나 핵심적인 운영 체계만 법인이 운영하고, 이외의 나머지 공정들은 외주화하는 형식이 일반화되었다. 이러한 원하청 관계 자체를 문제 삼기는 어렵다. 하청 기업도 스스로 자신의 사업 운영에 책임을 져야 할 것이다. 그런데 문제는 대체로 원청이 관리를 맡는 시설에서 발생한다.

예를 들어, 어떤 자동차 회사가 있다고 해보자. 자동차공업은 상당히 복잡한 구조로 이루어져 있어서 다른 업종에 비해서도 특히 사내 하청이 많다. 부품 제조처럼 완제품을 납품받는 형태는 원청과는 분리된 사업장에서 시행되는 업무지만, 도장 작업, 의장 작업처럼 원청 사업장에서 작업하면서도 하청을 맡기는 업무 역시 적지 않다. 그렇다면 이런 업무에 관한 위험 요소는 도급인이 책임져야 한다. 즉, 경영 책임자에게는 도급, 용역, 위탁 관계에서 발생할 수 있는 안전 및 보건 확보 의무도 발생한다는 뜻이다.

「중대재해처벌법」 제5조를 살펴보자.

> 사업주 또는 경영 책임자 등은 사업주나 법인 또는 기관이 제3자에게 도급, 용역, 위탁 등을 행한 경우에는 제3자의 종사자에게 중대산업재해가 발생하지 아니하도록 제4조의 조치를 하여야 한다. 다만, 사업주나 법인 또는 기관이 그 시설, 장비, 장소 등에 대하여 실질적으로 지배·운영·관리하는 책임이 있는 경우에 한정한다.

여기에서의 핵심은 '실질적으로 지배·운영·관리하는 책임이 있는 경우'다. 이러한 사업장에 있는 시설에서 수급 기업의 노동자가 와서 일한다면, 그 시설로 인한 위험에 대해서는 도급인이 책임져야 한다. 「중대재해처벌법」이 시행되면서 이제는 도마뱀 꼬리 자르듯이 책임을 수급 기업에 떠넘길 수 없게 된 것이다.

단, '실질적으로 지배·운영·관리'라는 문구에는 해석에 따라 약간의 논란이 있다. 경영 책임자가 해당 시설이나 장비, 그리고 장소에 관한 소유권, 임차권이 있거나 그 밖에 사실상의 지배력을 가지고 있어 위험을 예방할 수 있는 능력이 있다고 보는 경우를 의미한다는 해석에 대해, 경영 책임자의 의무를 무한정 늘린다는 의문을 제기하는 입장도 있다. 하지만 여기서 '실질적'이라는 말은 '형식적'이라는 말과 대응되는 의미로 사용했다고 보아야 한다. 즉, '사실상의 지배력'을 갖는다는 의미가 아니라 실질적으로 지배·운영·관리할 권한이 있는 경우만을 의미하는 말로 해석해야 한다. 즉, 책임을 무한정 확장하는 규정이 아니라, 겉으로는 지배력이 있어 보여도 실질적 지배력이 없으면 책임을 지지 않는다는 방향으로 책임을 제한하는 취지인 셈이다.

2019년 「산업안전보건법」 개정안 및 「중대재해처벌법」 제정 이전에는 어떤 업무를 하청으로 도급한다는 것은 나쁜 결과에 대해서도 책임을 외주화한다는 것과 같은 의미였다. 위험 업무를 직영하지 않고 외부에 맡긴다면, 처벌에서 면제될 수 있다는 일종의 신호를 보낸 것이다. 하지만 이

제 「중대재해처벌법」으로 인해 상황이 달라졌다.

물론 책임 소재가 복잡한 상황도 분명 존재한다. 어떤 기관이 사업을 발주해서 위탁한 현장에서 사고가 발생한 경우다. 「산업안전보건법」에서 발주자란 일반적으로 사용하는 용어로 바꿔보면 시행사와 같은 의미다. 시행사는 일을 발주한 후에는 현장에 가지 않는다. 즉, 공공기관에서 어떤 사업을 발주해서 위탁했다면 현장에는 개입하지 않는다는 의미다. 그러면 실제로 이 사업을 주관하는 업체는 공공기관에서 최초로 수급을 받는 업체가 담당하게 된다. 이런 식으로 접근하면 공공기관은 「산업안전보건법」상 발주자의 책임만 질 뿐, 도급인의 책임을 지지는 않는다.

이런 상황에서는 이것 하나만 기억하면 된다. 「산업안전보건법」과 「중대재해처벌법」은 사업주 또는 경영 책임자에게 책임을 묻는 법이라는 사실이다. 따라서 공사에 개입하지 않고 주문만 한 기관은 원칙적으로 안전 책임을 지지 않는다.

이런 관계가 아직은 어색하고 이해하기 어려울 수 있다. 지금까지 일반적으로 도급이란 수급인이 계약 관계에 따라

독자적으로 사업을 꾸리는 형식으로 이해해왔기 때문이다. 원청 입장에서는 억울한 부분도 있다. 하지만 가장 많은 중대 재해가 발생하는 건설 현장만 봐도 하나의 공간에 다양한 계층의 수급인들이 들어와 일을 한다. 그리고 이 모든 사람은 원청에서 파견된 관리 책임자의 지시를 따르고, 더 나아가 원청에서 규정한 원칙에 따라 업무를 수행한다. 그렇다면 가장 위에 있는 사업자가 이들을 관리한다고 봐도 무방하다. 따라서 「중대재해처벌법」은 이러한 전체적인 위험을 막을 수 있다는 정책적인 판단으로 만들어졌다고 보면 될 것이다.

원인과 결과, 「중대재해처벌법」의 핵심

그렇다면 안전 법령을 제대로 지키지 않아서 중대 재해가 발생했을 때, 경영 책임자는 어떤 처벌을 받을까? 대부분의 형사 법규는 행위와 결과를 함께 고려한다. 행위란 나쁜 의도가 포함된 잘못된 결정이다. 결과란 이런 행위로 잘못된 결과가 발생하는 것이다. 형법에서는 이 두 가지를 묶어서 행위 반가치, 결과 반가치라고 하며 불법에 해당하는 요소로 본다.

이를 「중대재해처벌법」에 적용해보면, 사용자에게는 지금까지 길고 자세하게 설명한 안전·확보 의무를 고의로 위반했다는 '잘못된 결정'이 선행되어야 한다. 사용자가 알면서도 규칙을 준수하지 않은 것이 핵심이라고 보기 때문이다. 다음으로 이러한 행위로 인해 중대 재해라는 '잘못된 결과'가 발생해야 한다. 의무 위반만으로는 처벌하는 규정이 없다. 즉, 행위 반가치는 안전·보건 확보 의무 위반이라는 부작위로 구성이 되고, 그런 부작위로 인해서 중대 재해가 발생한다는 결과가 발생해야 범죄가 성립된다. 이 문제에 대하여 조금 상세하게 살펴보자.

형법 제17조는 "어떤 행위라도 죄의 요소되는 위험발생에 연결되지 아니한 때에는 그 결과로 인해 벌하지 아니한다."라고 규정하고 있다. 따라서 「중대재해처벌법」 위반죄가 성립하기 위해서는 안전·보건 확보 의무를 위반한 행위와 중대산업재해의 발생 사이에 인과관계가 있어야 한다.

그런데 일반적인 형벌 규정이 금지한 행동을 위반했을 때 처벌하는 것과 달리 「중대재해처벌법」은 조금 다르다. 보통은 범죄자가 실행한 어떤 행위와 결과 발생 사이에 인과관계가 존재하는지 여부를 검토하지만 「중대재해처벌법」 위반죄의 경우에는 개인사업주 또는 경영 책임자 등이 안전·보건 확보 의무를 이행하지 않은 것과 중대산업재해라는 결과의 발생 사이에 인과관계가 존재하는지 여부를 판단해야한다는 점에서 차이가 있다.

풀어서 설명하자면, 의무 사항으로 지켜야 하는 '안전·보건 확보 의무'를 제때 지키지 않았다는 것은 결국 아무런 행동도 취하지 않았다는 것이므로 '중대산업재해의 발생'이라는 결과 사이에 무조건 현실적인 인과관계가 있다고 볼 수는 없다. 따라서 규범이 요구하는 의무를 이행했다면 결과가 발생하지 않았을 것이라는 '유사인과성'의 문제로 접근하는 이론이 지지를 받고 있다. 즉, 법적으로 요구하는 행위를 그대로 따랐을 때, 특정한 결과가 발생하지 않았을 것이라는 판단이 있을 때에야 비로소 '아무것도 하지 않은 행위'가 결과에 대한 원인이라고 보는 것이다.

따라서 부작위범의 경우에는 물리적으로 존재하지 않는 부작위 행위(not A)와 구체적으로 발생한 결과(B) 사이의 관계를 파악해야 하는데 이러한 판단을 쉽게 하기 위해 행위가 있는 것으로 가정해(A) A와 B의 부발생(not B) 사이의 관계를 파악하는 것이다.

이전에는 대법원에서 특정 행위를 하지 않은 것을 범죄의 구성요건으로 판단한 사건은 찾아보기 어려웠는데, 최근 세월호 사건으로 상황이 달라졌다. 대법원은 선장에게 '부작위에 의한 살인죄'가 성립된다면서, 다음과 같이 판시했다.

"선박 침몰 등과 같은 조난사고로 승객이나 다른 승무원들이 스스로 생명에 대한 위협에 대처할 수 없는 급박한 상황이 발생한 경우에는 선박의 운항을 지배하고 있는 선장이나 갑판 또는 선내에서 구체적인 구조 행위를 지배하고 있는 선원들은 적극적인 구호 활동을 통해 보호 능력이 없는 승객이나 다른 승무원의 사망 결과를 방지하여야 할 작위 의무가 있으므로, 법익 침해의 태양과 정도 등에 따라 요구되는 개별적·구체적인 구호 의무를 이행함으로서 사망의 결과를 쉽게 방지할 수 있음에도 그에 이르는 사태의 핵심적 경과를 그대로 방관하여 사망의 결과를 초래하였다면, 부작위는 작위에 의한 살인행위와 동등한 형법적 가치를 가지고, 작위 의무를 이행하였다면 결과가 발생하지 않았을 것이라는 관계가 인정될 경우에는 작위를 하지 않은 부작위와 사망의 결과 사이에 인과관계가 있다."(대법원 2015. 11. 12. 선고 2015도6809 전원합의체 판결).

「중대재해처벌법」 위반죄에서 인과관계는 안전·보건 확보 의무를 위반함으로써 중대산업재해가 발생했는가에 관한 규범적 평가일 수밖에 없다. 따라서 어떤 기준으로 이러한 판단을 내리는지가 문제의 핵심이다. 중대산업재해라는 결과 발생에 대해 '고의'가 필요하지 않다면 결과만 놓고 봤을 때는 실수로 범죄를 저지른 과실범과 성격이 유사하다. 이런 점에서 의무를 위반한 것과 결과에 연관성이 있다는 이론을 적용해 안전·보건 확보 의무의 위반과 중대산업재해 발생 사이에 인과관계를 판단하는 방법도 설명이 가능하다.

물론 재해근로자의 사망 혹은 부상에 개인사업주나 경영 책임자 등이 안전·보건 확보 의무를 위반했다는 행위 외에 다른 요인이 개입했다고 해서 인과관계가 없다는 말은 아니다. 다만, 개인사업주나 경영 책임자가 안전·보건 확보 의무를 위반했다는 사실이 인정되더라도 천재지변 같은 이례적인 상황이 개입하여 산업재해가 발생했다면 인과관계를 인정하기 어려울 것이다. 또한, 재해근로자의 사망 혹은 부상이 산업재해와 무관하거나 안전·보건 확보 의무 위반과 관련이 없다고 인정될 경우에도 인과관계를 인정하기 어렵다.

한편, 「산업안전보건법」은 법을 준수하는지 여부를 노동부에서 수시로 감독하지만, 「중대재해처벌법」은 행정법이 아니라 형법이기 때문에 중대 재해가 발생한 다음 사후적으로만 수사가 이루어진다. 산업재해가 발생했을 때는 근로감독관이, 일반인이 사망한 시민재해 같은 경우에는 경찰이 수사를 진행한다. 그 내용은 사고의 원인을 규명하고 「중대재해처벌법」 제4조에서 요구하는 안전·보건 확보 의무를 위반한 사실의 인과관계를 파악하는 것이다. 법원이 기소 내용에 대해 합리적인 의심을 넘어설 정도로 충분히 증명되었다고 판단하면, 형사 판결을 하게 된다. 이에 대한 구체적인 내용은 「중대재해처벌법」 제6조에 다음과 같이 명시되어 있다.

① 제4조 또는 제5조를 위반하여 제2조 제2호 가목의 중대산업재해에 이르게 한 사업주 또는 경영 책임자 등은 1년 이상의 징역 또는 10억 원 이하의 벌금에 처한다. 이 경우 징역과 벌금을 병과할 수 있다.
② 제4조 또는 제5조를 위반하여 제2조 제2호 나목 또는 다목의 중대산업재해에 이르게 한 사업주 또는 경영 책임자 등은 7년 이하의 징역 또는 1억 원 이하의 벌금에 처한다.
③ 제1항 또는 제2항의 죄로 형을 선고받고 그 형이 확정된 후 5년 이내에 다시 제1항 또는 제2항의 죄를 저지른 자는 각 항에서 정한 형의 2분의 1까지 가중한다.

여기에는 처벌의 상한이 쓰여 있지 않지만, 형법 총칙에 따르면 징역형의 상한은 30년이다. 따라서 「중대재해처벌법」을 위반했을 때도 마찬가지로 1년 이상 30년 이하의 징역형을 받는다는 뜻이다. 얼핏 처벌이 무거워 보이지만, 그 정도로 이 법이 규정하는 내용이 엄격하게 예방되어야 하는 사고라는 의미이며 더욱이 우리나라는 산업재해의 발생 빈도가 높고 재해의 강도가 크므로 강경한 원칙을 적용하게 되었다.

'고의'라는 문턱

형법에 규정된 다른 조항과 마찬가지로 「중대재해처벌법」에서도 고의성을 중요하게 판단한다. 형법에서는 기본적으로 죄가 성립되는 요소, 즉 범죄 행위가 무엇인지를 스스로 인식한 사람만 처벌한다. 형법 제13조를 보면 "죄의 성립요소인 사실을 인식하지 못한 행위는 벌하지 아니한다."라고 규정하고 있다.

하지만 심각한 법익을 침해했을 때는 예외적으로 처벌할 수 있다. 예를 들어, 퇴근길에 차로 사람을 치어 사망에 이르게 한 사람이 있다고 해보자. 이에 해당하는 형법상의 위반 사항은 '과실치사'지만, 이걸 살인이라고 생각하는 사람은 없다. 범죄자에게 사람을 죽일 의사가 없었기 때문이다. 하지만 사망이라는 중대한 법익이 침해되었으므로, 예외적으로 처벌하는 것이다. 형법에는 과실을 처벌하는 범죄가 많지 않다. 결과적으로 큰 인명 피해가 발생했을 때 과실치사 또는 과실치상으로 판결하고, 큰 화재가 발생한 실화 정도만 처벌 규정을 두고 있다.

마찬가지로 「중대재해처벌법」 같은 경우에도 안전·보건 의무 위반에 고의성이 있어야 한다. 다만, 몰랐다고 해서 곧바로 죄가 사라지지는 않는다. 사실을 잘못 안 것에 대해서는 고의성이 사라지지만, 정당한 이유 없이 법률을 인지하지 않고 있었다면 문제가 된다. 중대 재해가 발생하고 경영 책임자가 수사를 받을 때, 「중대재해처벌법」에 의무 사항이 있는지 몰랐다고 항변해도 변명이 될 수 없다는 말이다. 모든 회사의 대표자는 「중대재해처벌법」을 무조건 숙지하고 있어야 한다.

이 점이 핵심이다. 이전까지 「산업안전보건법」에서는 기업의 경영자가 '현장에 가본 적이 없어서 상황을 몰랐다'라거나 '본사에서는 작업 현장이 어떻게 돌아가는지 모른다'라는 식으로 발뺌할 경우 고의가 인정되지 않아 처벌받지 않는 경우가 많았기 때문이다.

이제는 상황이 달라졌다. 기업의 경영자가 「중대재해처벌법」의 내용을 몰랐다고 변명하는 것은 더 이상 통하지 않게 되었다. 이 문제 때문에 처음 법이 제정되고 시행될 당시 경영계의 반발이 극심했다. 경영자가 하루아침에 현장 작업 일선까지 책임져야 하는 상황이 생기니 당황할 수밖에 없었다. 하지만 이 법으로 인한 실효성이 높으므로 사회 전체의 이익은 상당히 높아진 셈이다.

물론 이 법에도 문턱이 존재한다. 의무를 위반하더라도 결과가 발생하지 않으면 처벌받지 않으므로 어떤 사업장에서 안전·보건 의무를 거의 지키지 않고 사업을 운영하더라도, 재해가 발생했을 때 운 좋게 아무도 죽지 않고 다치지 않으면 수사할 방법이 없다. 누군가를 죽일 목적으로 칼을 찔렀어도 사람이 죽지 않으면 살인미수로 형량이 크게 낮아지는 것과 같은 이치다. 어떻게 보면 이것이 더 심각한 문제일지도 모른다.

하지만 법에서 인과관계를 설명하는 일은 상당히 복잡하다. 따라서 인과관계란 경영 책임자가 행한 어떤 행위 또는 부작위로 인해 위험성을 증가시켰느냐를 판단하는 정도로, 이로 인해 중대 재해가 발생했을 때 처벌이 이루어져야 한다는 것이 범죄 구성요건이라고 보면 될 것이다.

「중대재해처벌법」은 안전 재해 예방의 고속도로다

「중대재해처벌법」은 발의에서부터 시행되기까지도 논란이 많았지만, 시행된 이후에도 사후 방편에 머무르고 있다는 비판이 이어졌다. 이와 관련해 근로감독관으로 근무했던 경력이 있는 서울사이버대학교 강태선 교수는 한 인터뷰에서 "「중대재해처벌법」은 안전 재해 예방의 고속도로다."라는 인상적인 평을 남겼다.

이 법이 사후 처리에 초점을 맞춰 예방 효과가 없다고 생각할 수도 있지만, 법 시행 후 실제 지표에서는 유의미한 결과가 나타나고 있다. 「산업안전보건법」 개정안이 시행된 이후에 극적인 변화가 나타나지 않은 것과는 대조적으로 「중대재해처벌법」이 제정되면서 많은 기업에서 실제로 안전을 위한 예산을 크게 늘리기 시작했다. 이전까지는 안전·보건관리 업무를 담당하는 안전관리자를 기간제로 고용하거나 낮은 급여와 열악한 복지를 제공하는 일이 많았는데, 「중대재해처벌법」이 제정된 다음부터는 그들의 처우가 크게 달라졌다. 이 직무의 수요에 비해 공급이 부족하다는 이야기까지 나올 정도로 기업에서 의무적으로 안전관리자를 고용하는 사례도 눈에 띄게 늘어났다.

기업의 대표이사나 임원이 수사의 대상이 되는 것은 기업 입장에서는 당연히 피하고 싶은 일일 것이다. 종래 기업에서는 산업재해나 시민재해가 발생했을 때 대표이사가 아니라 재해가 발생한 공장의 공장장이나 건설 현장의 현장소장이 수사를 받는 것으로 수사 방향을 유도했다. 그러나 「중대재해처벌법」의 시행으로 처벌 대상자가 달라졌다.

산업재해 문제에서는 사후 처리보다 예방이 훨씬 더 중요하다. 이전까지 「산업안전보건법」으로는 강제되지 않았던 안전 문제가 「중대재해처벌법」으로 확보되었다면 이 법이 사후 처리를 규정하고 있다고 하더라도 그 목적에 충실히 부합하는 셈이다.

이제 경영자들은 업종과 사업 규모, 사업의 특수성에 따른 안전·보건 규칙을 명심하고 회사의 노동자들과 협의해 최적의 안전 기준을 만들어가고 있다. 최근 정부에서 안전·보건과 관련해 중대 재해 감축 로드맵으로 '자율 규제'를 이야기한 것도 규제 완화라기보다는 이같은 맥락에서 나온 논의다. 정부가 안전·보건 규칙을 만들어도 개별 사업장에서 의견 수렴 절차를 충분히 거쳐 자율 규제하는 방식으로 제도가 마련되어야 한다는 점은 많은 연구자도 공감하는 합리적인 방식이기 때문이다.

「중대재해처벌법」은 시행된 지 이제 불과 1년이 조금 넘은 새로운 법이다. 아직은 실효성에 대한 논란도 많고, 재계의 반발도 거세다. 사건 처리율도 저조한 편이다. 그렇지만 이 법으로 인해 경영자의 책임이 강화되고 이에 따라 사회적 이익이 높아졌다는 것만으로도 법 제정의 의의가 있다고 볼 수 있을 것이다.

05

법이 나아가야 할 방향
:「중대재해처벌법」3

중대시민재해란 무엇인가

「중대재해처벌법」은 산업재해만 다루고 있지 않다. 일반 시민 가운데 불특정 다수가 사망하거나 부상을 입는 시민 재해에 관한 내용도 포함시킴으로써 포괄적인 안전 관리를 의무화하도록 강제했다.

먼저 「중대재해처벌법」에서 말하는 시민재해란 무엇인지 제2조 제3호에서 살펴보자.

"중대시민재해"란 특정 원료 또는 제조물, 공중이용시설 또는 공중교통수단의 설계, 제조, 설치, 관리상의 결함을 원인으로 하여 발생한 재해로서 다음 각 목의 어느 하나에 해당하는 결과를 야기한 재해를 말한다. 다만, 중대산업재해에 해당하는 재해는 제외한다.
가. 사망자가 1명 이상 발생
나. 동일한 사고로 2개월 이상 치료가 필요한 부상자가 10명 이상 발생
다. 동일한 원인으로 3개월 이상 치료가 필요한 질병자가 10명 이상 발생

이 내용에서는 중대시민재해로 불릴 수 있는 사건의 요소와 사망 또는 부상자의 인원에 따라 중대시민재해로 분류할 수 있는 조건을 특정하고 있다.

이 법에서 중대시민재해가 발생할 수 있는 장소는 공중이용시설, 공중 교통수단 및 제조물이라고 정의하고 있다. 제조물이란 제조되거나 가공된 동산을 말하며 동산은 다른 동산이나 부동산의 일부를 구성하는 경우까지 포함한다. 「중대재해처벌법」에서는 바로 이러한 제조물의 결함으로 인해 중대시민재해가 발생했을 때 제조물의 경영 책임

자를 처벌한다는 것이 주된 내용이다.

이와 관련해 경영 책임자가 맡는 의무로는 사업 또는 사업장에서 생산·제조·판매·유통 중인 원료나 제조물에 관한 안전·보건 확보 의무, 사업주나 법인 또는 기관이 실질적으로 지배·운영·관리하는 공중 이용시설 또는 공중 교통수단에 관한 안전·보건 확보 의무, 공중이용시설 또는 공중교통수단과 관련해 제3자에게 도급, 용역, 위탁 등을 행한 경우 준수해야 할 안전·보건 확보 의무 등이 포함된다.

여기에서 말하는 원료란, 일반적인 의미에 따라 '어떤 물건을 만드는 데 들어가는 재료'라고 생각하면 된다. 「중대재해처벌법」에서는 '원료나 제조물'의 범위를 제한하고 있지 않으므로, 기본적으로 모든 원료와 제조물이 대상이다. 따라서 상식적으로 유해하지 않은 원료나 제조물이라고 하더라도 중대시민재해를 일으킬 정도로 인체에 유해할 가능성이 있다면, 시민의 안전을 확보하기 위한 안전·보건 확보 의무를 이행해야 한다.

그 외에 제조물의 생산·제조·판매·유통이란 일반적으로 우리가 알고 있는 단어의 의미와 같다. 이러한 일련의 경영 활동에서 이용되는 원료 및 제조물이 「중대재해처벌법」의 적용 대상이 된다. 또한, 이러한 원료나 제조물에서 안전성이 결여된 상태를 결함이라고 말한다.

「중대재해처벌법」에는 위헌 소지가 있을까?

「중대재해처벌법」은 전체 조문 수가 열여섯 개에 불과한 매우 간단한 법률이다. 하지만 법을 해석하고 집행하는 데 있어서 안전·보건 의무를 시행해야 하는 경영 책임자가 누구인지, 이를 위반해 중대 재해라는 결과가 발생하는 것에 어떠한 인과관계가 요구되는지 등이 여전히 쟁점이 되고 있다. 따라서 「중대재해처벌법」이라는 다소 생소한 법률을 반드시 제정해야 하느냐의 문제에 찬반 의견이 나올 수 있다. 특히 현행 「중대재해처벌법」이 체계적으로 옳은지에 대한 비판에 대해서는 어느 정도 납득할 만한 부분도 있다.

그러나 매년 1,000명 가까운 근로자가 산업재해로 사망하는 우리나라 현실을 생각할 때, 경영 책임자의 처벌을 강화해 중대 재해 발생을 억제하겠다는 입법 취지를 반대할 수는 없다. 중대 재해로 인해 가족을 잃은 유가족의 마음을 고려하면, 기존의 처벌이 터무니없이 가벼웠다는 점 역시 부정할 수 없기 때문이다.

물론 현실은 이 법의 시행 이전부터 경영계와 일부 법조 실무자를 중심으로 「중대재해처벌법」이 규정하고 있는 '경영 책임자 등'이나 '안전 및 보건 확보 의무'의 개념이 모호하다거나 「중대재해처벌법」의 법정형이 과도하다는 주장도 제기되었다. 이 법이 헌법을 위반했다는 이유로 헌법소원을 제기하겠다는 이야기까지 등장했고, 이 법이 시행된 뒤 가장 처음 기소된 '두성산업 사건'의 피고인은 2022년 10월 13일 창원지방법원에 위헌법률심판을 신청했다.

피고인의 변호인 측에서 위헌법률심판을 제청한 이유를 살펴보면, 먼저 「중대재해처벌법」에서 규정하고 있는 '실질적으로 지배·운영·관리하는 사업 또는 사업장', '재해 예방에 필요한 인력 및 예산 등 안전보건 관리 체계의 구축 및 그 이행에 관한 조치' 등의 규정이 정확히 무엇을 의미하는지 모호하다는 것이다. 또한, 의무 위반으로 인해 적용되는 법적인 사망에 이르게 했을 때 1년 이상 징역(최대 징역 30년) 또는 10억 원 이하 벌금, 일정 수의 부상자·직업성 질병자 발생에 7년 이하의 징역 또는 1억 원 이하의 벌금이 과잉금지원칙을 위배했다는 주장도 포함되었다. 이는 5년 이하의 금고를 명시한 「교통사고처리 특례법」 위반이나 근로자 사망 시 7년 이하의 징역을 명시한 「산업안전보건법」 위반에 비추어 과도한 벌칙이라는 것이다. 그렇다면 이 주장대로 「중대재해처벌법」이 정말로 위헌 소지가 있는지 살펴보도록 하자.

먼저 헌법재판소는 처벌법규에 대해 "법률이 처벌하고자 하는 행위가 무엇인지, 그에 대한 형벌이 어떤 것인지 누구나 예측할 수 있고, 그에 따라 자신의 행위를 결정할 수 있도록 구성요건을 명확히 해야 한다는 것"이라고 설명하고 있다. 그러나 처벌법규의 구성요건이 명확하다고 해서 하나하나 일일이 나열하고 서술하면서 규정해야 하는 것은 아니다. 다소 포괄적인 해석이 필요한 개념이라고 하더라도 건전한 상식과 통상적인 법 감정을 가진 사람이라면 처벌로 인해 보호받을 수 있는 이익을 비롯해 금지된 행위 및 처벌의 종류와 정도를 쉽게 알 수 있도록 규정했다면 명확성을 위배한 것은 아니라고 보았다. 즉, 입법자가 처벌법규의 구성요건을 하나하나 세분화해서 명확하게 하는 것은 불가능하기 때문에 이를 광범위하게 설정했더라도 받아들일 수 있다는 것이다. 따라서 어느 정도 명확하지 않은 개념을 사용했다 하더라도 법원이 법률을 해석해 합리적이고 객관적인 기준을 설정할 수 있는 경우에는 명확성 원칙을 위반하지 않는다고 보았다.

「중대재해처벌법」에서 다루는 법정형이 과도하다는 주장에 대해서는 위 규정이 피해자 사망 시에 징역형의 경우 최장 30년, 가중 시에는 최장 45년이 가능하도록 설정했다는 점을 강조하고 있다. 하지만 법정형에서 상한이 높다고 해서 반드시 높은 형량이 선고되는 것은 아니다.

「중대재해처벌법」 위반죄는 중대산업재해의 개념상 최소한 명 이상이 사망한 경우를 상정하고 있으므로, 여러 명이 사망한 경우에도 죄목은 하나로 잡히고 피해자의 수는 양형 단계에서 고려되는데, 중대산업재해에서 대체로 대규모 사망자가 발생한다는 특성을 고려하면 오히려 상한을 두는 것이 적절하지 않다. 따라서 위 처벌 조항의 법정형이 책임과 형벌의 비례를 요구하는 책임 원칙에 위배된다고 보기는 어렵다.

"하늘의 그물은 넓고도 넓어서 성기기는 하여도 놓치는 것이 없다."라는 의미의 '천망회회 소이불실(天網恢恢 疎而不失)'이라는 말이 있다. 이 말을 법에 적용해보면, 사람의 법은 일견 촘촘해 보여도 구멍이 숭숭 나 있어서 적용되지 않는 것이 많다는 의미다. 이전에 중대산업재해가 발생하면 근로감독관이 「산업안전보건법」 위반에 대해, 경찰이 과실치사상죄에 대해 초기 수사를 진행했고, 이에 기초해 검사가 기소하면 법원이 「산업안전보건법」 위반죄와 업무상 과실치사상죄의 성립 여부를 판결했다. 그러나 이러한 범죄가 성립하는 경우에도 사업주에게 중형이 선고되는 경우는 매우 드물었다. 실제로 사회적으로 큰 문제가 되었던 구의역 스크린도어 사건에서 사업주에 대한 벌금형은 3000만 원에 불과했다.

「중대재해처벌법」은 기본적으로 「산업안전보건법」의 처벌 한계에 대응하기 위해, 즉 중대재해를 야기한 기업의 경영 책임자를 직접 처벌하는 것을 목적으로 입법된 것이다.

이처럼 「중대재해처벌법」은 다소 거친 방법으로 사람이 만든 법에 난 커다란 구멍을 메우기 위한 입법자의 결단이었다고 생각한다. 즉, 사람의 법이 하늘의 그물에 조금 더 가까워지기 위한 노력으로 평가하는 것이 옳다. 많은 사람이 자주 잊어버리지만, 국회는 모든 국민을 대표하고 이러한 대표성은 국회에서 제정한 법률이 정당화되는 근거가 된다. 시행 초기여서 관련 판결이 확정된 사례조차 없는 법률의 위헌성을 운운하기보다는 고 김용균 씨를 사망에 이르게 한 태안화력발전소 압사 사고나 수많은 어린 학생이 희생당한 세월호 사건과 같은 중대재해로부터 국민의 안전권을 보장하겠다는 시민사회의 열망을 먼저 명심해야 한다. 법학자라면 이의 결과로 제정된 「중대재해처벌법」에서 다소 부족한 입법 기술을 극복하기 위해 합리적인 해석을 끌어내기 위해 최선을 다해야 할 것이다.

나아가 「중대재해처벌법」의 입법 배경과 조문 구조, 다른 법령과의 정합성 등을 꼼꼼히 살펴보면 '경영 책임자 등'과 '안전 및 보건 확보 의무'의 개념이 그렇게 모호한 것도 아니다. 형법에서는 학설과 판례를 바탕으로 적용 범위를 정한다.

예컨대, 형법 제355조 제2항은 "타인의 사무를 처리하는 자가 그 임무에 위배하는 행위로써 재산상의 이익을 취득하거나 제삼자로 하여금 이를 취득하게 하여 본인에게 손해를 가한 때에도 전항의 형과 같다."라고 규정하고 있다. 이러한 배임죄가 성립하는 행위인 '그 임무에 위배하는 행위'는 매우 모호한 표현처럼 보이지만, 판례에서 "처리하는 사무의 내용, 성질 등 구체적 상황에 비추어 법률의 규정, 계약의 내용 혹은 신의칙상 당연히 할 것으로 기대되는 행위를 하지 않거나 당연히 하지 않아야 할 것으로 기대하는 행위를 함으로써 본인과 사이의 신임관계를 저버리는 일체의 행위"라고 명시함으로써 그 의미를 명확히 했다. 따라서 「중대재해처벌법」의 적용 대상도 결국 향후 법원 판례가 쌓이면서 그 의미가 더욱 정확해질 것이다.

한편, 「중대재해처벌법」에서 정한 법정형이 과도하다는 비판도 있다. 「중대재해처벌법」 위반죄가 단순 '과실범'이라면 이에 대해 '1년 이상의 징역 또는 10억 원 이하의 벌금'

을 물리는 것은 지나친 형벌이라고 할 만하다. 그러나 「중대
재해처벌법」은 '고의로' 안전 및 보건 확보 의무를 위반해
'중대재해'라는 결과를 야기한 경우에만 처벌한다고 규정
했다. 행위의 불법성과 결과의 불법성이 명백할 때에만 국
가의 형벌권을 발동하는 구조라는 의미다.

즉, 「중대재해처벌법」은 미수범을 처벌하는 규정을 두고
있지 않으므로 개인사업주와 경영 책임자가 아무리 안전
및 보건 확보 의무를 중대하게 위반했다고 하더라도 중대
산업재해만 발생하지 않으면 처벌받지 않는다. 또한, 안전
및 보건 확보 의무를 충실하게 준수했다면 중대재해가 발
생되더라도 처벌받지 않는다. 나아가 이 둘 사이에 인과관
계가 증명되어야 하므로 예측할 수 없었던 외부 요인이나
천재지변 등을 이유로 중대재해가 발생했다면 국가는 형벌
권을 발동할 수 없다.

한편, 업무상과실치사상죄의 경우 피해자의 수마다 별
도의 범죄가 성립하는 반면, 「중대재해처벌법」 위반죄는 하
나의 재해로 여러 명이 사망해도 하나의 범죄만 성립한다.
「중대재해처벌법」이 중대재해의 개념 자체를 '한 명 이상'

의 사망 등으로 규정하고 있기 때문이다. 또한, 형법에 따라 '정상참작감경'도 얼마든지 가능하다. 따라서 실제 선고형은 이들이 저지른 위반 정도와 결과의 규모 등을 감안해 합리적인 수준에서 결정될 것이다. 이러한 점을 고려할 때, 「중대재해처벌법」 위반죄의 법정형이 과도하다는 주장은 타당성이 없다고 생각한다.

마지막으로 왜 법인이 아니라 대표이사 또는 기타 경영책임자 등을 처벌하는가에 대한 불만도 있다. 물론 「중대재해처벌법」은 양벌규정을 두고 있어 법인기업도 벌금형의 제재를 받는다. 이론적으로 법인은 실체가 없는 법적인 인격이다. 따라서 법리상으로는 범죄를 저지르지 못한다. 범죄를 저지르는 것은 법인과 관련된 사람이다.

하지만 사람에게 유익을 주기 위해 만든 법적 의제인 회사가 영리 목적을 추구하는 과정에서 사람의 생명을 앗아갔다면, 그런 회사는 과연 계속 존재해야 하는가 하는 의문이 든다. 지금 우리 사회는 기업범죄에 적극적으로 대응하기 위해 법인의 범죄 능력과 수형 능력을 인정하고, 개별 행위자에게 죄의 책임을 뒤집어씌우지 않고 법인의 고유한 책임을 명확히 하기 위한 논의가 필요하다. 형법을 전면 개정해 자연인에게 사형이나 자유형을 선고하는 것과 마찬가지로 법인의 해산이나 영업정지 등의 형벌을 도입하는 것 역시 형사정책적 관점에서 논의가 필요하다고 생각한다.

어떻게 제대로 적용할 수 있을까?

마지막으로 「중대재해처벌법」을 앞으로 어떻게 제대로 적용할 수 있을지 생각해보며 이 장을 마무리하려고 한다. 이 질문에 대해서는 먼저 「중대재해처벌법」의 '본래 입법 취지'가 무엇인지 생각해볼 필요가 있다.

이 법이 시행된 배경에 대해 발의할 당시 다음과 같은 설명이 있었다.

"현대중공업 아르곤 가스 질식 사망 사고, 태안화력발전소 압사 사고, 물류창고 건설현장 화재사고와 같은 산업재해로 인한 사망 사고와 함께 가습기 살균제 사건 및 4·16 세월호 사건과 같은 시민재해로 인한 사망 사고 발생 등이 사회적 문제로 지적되어 왔음. 이에 사업주, 법인 또는 기관 등이 운영하는 사업장 등에서 발생한 중대산업재해와 공중 이용시설 또는 공중 교통수단을 운영하거나 위험한 원료 및 제조물을 취급하면서 안전·보건 조치의무를 위반하여 인명사고가 발생한 중대시민재해의 경우, 사업주와 경영 책임자 및 법인 등을 처벌함으로써 근로자를 포함한 종사자와 일반 시민의 안전권을 확보하고, 기업의 조직문화 또는 안전관리 시스템 미비로 인해 일어나는 중대재해사고를 사전에 방지하려는 것임."

따라서 「중대재해처벌법」의 입법 취지는 크게 사업주와 경영 책임자 및 법인 등을 처벌함으로써 근로자를 포함한 종사자와 일반 시민의 안전권을 확보하는 것과 기업의 조직문화 또는 안전관리 시스템 미비로 인해 일어나는 중대재해사고를 사전에 방지하는 데 있다.

이러한 입장에서 「중대재해처벌법」을 본래의 입법 취지대로 작동시키려면, 계속해서 심리적 강제성을 띠고 범죄에 대한 억지력을 가질 수 있도록 하는 것이 가장 중요하다. 중대 재해가 발생해도 경영 책임자가 기소되지 않거나, 기소되더라도 가벼운 형을 선고받는다면 「중대재해처벌법」 은 '태산명동서일필(泰山鳴動鼠一匹)', 즉 큰 산이 울릴 정도 로 요란하게 일을 벌였지만, 겨우 쥐 한 마리를 잡은 꼴로 허무하게 끝나고 말 것이다.

이를 위해서는 앞에서 본 것처럼 고의에 의한 '의무 위반 행위'가 중대 재해가 발생할 가능성을 크게 높였을 때 처벌 할 수 있다는 식으로 행위와 결과 사이의 관계를 보다 명확 하게 해야 한다.

또한, 중대 재해의 적극적인 예방은 「중대재해처벌법」의 몫이 아니라는 점도 명심해야 한다. 「중대재해처벌법」은 '형법'이다. 중대 재해가 발생하면 '수사 → 기소 → 공판절 차 → 판결 → 형집행'이라는 일련의 형사사법 절차에 따라 범죄 혐의를 밝혀내어 죄에 상응하는 벌을 과하는 것이 이 메커니즘이다. 이러한 일련의 절차 어느 곳에서도 정부가 적극적으로 개입해 기업에 중대 재해 예방을 위해 어떤 조 치를 취하라고 '감 놔라 배 놔라' 할 수 있는 권한이 없다. 「중대재해처벌법」이 중대 재해를 예방하는 기능을 하게 하는 것은 처벌을 강조해 심리적으로 압박함으로써 억지력을 갖는다는 소극적 일방 예방이 전부다. 따라서 중대 재해의 사전적 예방은 「중대재해처벌법」이 아니라 정부의 '감독행정'을 명시하고 있는 「산업안전보건법」이나 기타 안전과 관련된 법령을 성실하게 집행함으로써 달성해야 하는 과제다.

따라서 「중대재해처벌법」의 실효성을 담보하기 위해서는 이 법을 위반했을 때 범죄에 대한 법원의 양형이 매우 중요하다. 법인 또는 기관의 경영 책임자는 최선을 다해 이 법이 요구하는 안전·보건 확보 의무를 준수해야 한다. 만일 이러한 의무를 위반하고 그 결과로 중대재해가 발생했다면, 법원은 「중대재해처벌법」의 입법 목적을 해치지 않도록 엄격한 양형을 해야 한다.

반면 경영 책임자가 안전·보건 확보에 최선을 다했음에도 불가항력적인 상황으로 중대 재해가 발생했다면, 결과를 피하려는 의도가 없었으므로 결과에 대한 책임을 줄여서 판단하거나 이러한 사정을 양형에 적극적으로 반영해야 한다. 「중대재해처벌법」 위반죄가 성립되는 요건은 다른 범죄에 비해 행위의 유형이 다양하다. 따라서 실제 사건을 재판하면서 법원은 피고인인 경영 책임자가 안전·보건 확보 의무를 성실하게 이행하기 위해 어떤 노력을 해왔는지를 면밀히 살펴볼 필요가 있다. 그것이야말로 이 법을 만든 근본 취지를 해치지 않는 엄격한 기준을 설정하는 일이자 앞으로 「중대재해처벌법」에 대한 논란을 불식시키는 가장 빠른 방법일 것이다.

4강

국가는 피해자를
어떻게 도와야 하는가

「산업재해보상보험법」은 산업재해 보상보험 사업을 시행하여 근로자의 업무상의 재해를 신속하고 공정하게 보상하며, 재해 근로자의 재활 및 사회 복귀를 촉진하기 위하여 이에 필요한 보험 시설을 설치·운영하고, 재해 예방과 그 밖에 근로자의 복지 증진을 위한 사업을 시행하여 근로자 보호에 이바지하는 것을 목적으로 한다.

01

손해배상에서 사회보험으로

사고를 입증할 책임은 누구에게 있을까?

재해를 입었다고 해도 삶은 계속된다. 산업재해를 입은 피해자 혹은 산업재해로 인해 사망한 노동자의 유가족은 사고 이후에도 생계를 이어가야 한다. 그들이 입은 피해에는 정당한 보상이 따라야 하고, 잃어버린 삶에 대해서도 누군가는 책임을 져야 한다. 너무나 당연한 이 원리를 지켜주기 위해 4강에서는 어떻게 손해의 배상이나 보상이 이루어지는지 살펴볼 것이다.

먼저 민법에서는 이를 불법행위 또는 채무불이행으로 다루고 있다. 노동자가 업무상 재해를 당한 경우, 이에 대하여 사업주의 고의 또는 과실이 인정될 때 사업주는 근로 계약에 포함된 노동자 보호 의무 또는 안전 배려 의무 위반에 따른 책임을 져야 한다는 것이 그 내용이다. 그런데 문제는 사업주의 고의 또는 과실을 증명할 책임을 피해자에게 물리는 경우가 많았다는 것이다. 여기에서 무과실 책임론, 즉 노동자가 사업주의 과실을 증명하지 않아도 피해에 대해 책임져야 한다는 논리가 대두되었다.

무과실 책임론은 현대에 이르러 등장한 개념은 아니다. 산업재해 보상보험 제도는 20세기 들어 사회보장제도의 일환으로 만들어졌지만, 산업재해를 이유로 한 손해배상 문제는 약 200년 전쯤, 산업혁명이 일어난 유럽에서 시작되었다. 산업화가 빨라지면서 공장이나 건축 현장에서 노동자가 다치는 일이 생겨났는데, 그렇게 일어난 손해에 대해 노동자는 사용자를 상대로 소송을 제기할 수 있었을까?

물론 불법행위를 이유로 사용자에게 손해배상을 청구할

수는 있다. 하지만 불법행위에 대한 배상을 받기 위해서는 원고인 피해자 또는 그 유족은 사용자에게 사고에 대한 고의 또는 과실이 있다는 것을 알아서 증명해내야 한다. 근대 민법은 소유권 존중의 원칙, 사적 자치의 원칙, 과실 책임의 원칙이 기본적인 3대 원리다. 그렇기 때문에 사용자에게 귀책 사유가 있을 때만 배상 책임을 물릴 수 있다. 민사 소송에서는 당사자 간의 대등한 관계를 전제하지만, 실제로는 사용자와 상하 관계에 놓인 피해자가 이런 것 때문에 약 100여 년 전부터 무과실 책임을 인정해야 한다는 주장이 나오게 된 것이다.

기업 간의 경쟁이 치열한 자본주의 사회에서 기업은 이제 새로운 생산 방식을 도입했다. 새로운 공법을 고안하고, 새로운 기계를 들인다. 이는 새로운 위험도 함께 들여온다는 이야기다. 아무리 안전하게 설계했다고 하지만, 미처 발견되지 않은 어떤 위험은 필연적으로 포함된다. 이런 위험으로 발생할 수 있는 재해에 대해서 사용자가 몰랐다고 발뺌하면 과실 책임의 원칙에서는 노동자가 아무런 배상을 받을 수 없다.

이로써 재해보상에는 19세기 말부터 무과실 책임을 인정하는 논지가 들어오게 되었다. 우리나라 같은 경우에는 1953년에 「근로기준법」이 제정되면서 마찬가지로 무과실 책임과 관련된 내용이 포함되었다.

배상으로는 충분하지 않다

이처럼 재해보상에는 점차 입법적 보완이 하나씩 이루어졌다. 그런데 여기에서 명심할 부분이 배상과 보상의 차이다. 이 두 단어는 일반적인 쓰임에서 큰 차이가 없다. 하지만 법적으로는 분명히 구분된다. 가장 큰 차이는 행위의 고의성인데, 배상이라는 말을 사용할 때는 상대방에게 귀책 사유가 있어야 한다. 반면 보상이라는 말에는 고의나 과실이 요구되지 않는다. 손실이 발생했을 때, 아무런 이유 없이 이에 대한 책임을 지도록 하는 것이 보상이다.

「근로기준법」이 입법될 때 이 조항을 포함했다는 것은 재해가 업무와의 기인성, 즉 업무 때문에 발생했다고 인정되면 사용자가 무조건 보상해야 한다고 판단한 것이다. 고의나 과실 여부는 중요하지 않고, 업무와의 연관성만 따져서 손실을 보전해준다. 다만 손실을 전부 보상해주지는 않고, 법으로 정한 비율만큼만 인정해 보상한다.

반면 손해배상은 불법행위로 인해 발생한 손해에 대해 보전하는 것이기 때문에 불법행위와 상당한 인과관계가 인정되는 모든 손해를 책임진다. 여기에는 치료비나 재활비와 같은 비용뿐 아니라 위자료도 포함한다.

그런데 앞서 말한 것처럼 재해에 대한 직접 보상 방식, 즉 사용자가 직접 재해보상을 하는 방식은 민법상 손해배상에서 요구되는 고의·과실을 노동자가 증명할 필요가 없어졌다는 장점이 있기는 하지만, 사용자가 이러한 배상을 할 능력이 없는 경우에는 노동자를 실질적으로 보호할 수 없다는 한계가 있었다. 예컨대, 사고를 일으킨 사용자가 이 사고로 인해 사업이 망해서 손해배상을 해줄 돈이 없다면 법적으로 재해배상을 하라는 판결이 확정되더라도 실제로는 보상이 실행될 수 없는 것이다.

이런 상황에서 피해자를 보호하기 위해 생긴 것이 바로

산업재해보상보험이다. 이처럼 산업재해보상보험은 무과실 책임 방식의 손해배상에서 직접 보상 방식의 재해보상을 거쳐 가입이 강제되는 사회보험 방식의 재해 보상보험으로 발전해왔다.

산업재해보상보험의 탄생

원래 보험이란 상법상의 제도다. 역사적으로 최초의 보험은 고대 그리스까지 거슬러 올라가지만, 지금의 보험과 비슷한 형태는 중세 지중해에서 활동하던 무역상들이 경제적 손실을 감수하기 위한 목적으로 만들었다. 여기에는 '대수(大數)의 법칙'을 활용했다. 대수의 법칙이란 '경험적 확률과 수학적 확률과의 관계를 나타내는 정리'다. 즉, 무언가를 관찰할 때 대상의 수가 많으면 많을수록 법칙이 정밀해진다는 의미다.

보험 역시 이에 근거해 같은 위험에 처한 사람들이 보험료를 갹출해 하나의 펀드를 만들고 실제 위험이 발생하면

이 펀드에서 그에 대한 보상이 이루어지는 법 기술에 근거하고 있다. 따라서 산업재해보상보험이란 상법상의 법 기술을 공법으로 가져온 셈이나 마찬가지다.

그렇다면 산업재해보상보험이 보장하는 공통된 위험이란 무엇일까? 제도가 처음 출발할 당시에는 노동자가 아닌 사용자들의 재해보상 책임을 보험으로 보장하는 것이 목적이었다. 모든 사용자에게는 산업재해가 발생하면 노동자에게 재해보상을 해줘야 할 책임, 즉 위험이 따른다. 이러한 사용자의 재해보상 책임을 보험으로 보장해주는 것이다. 어려운 내용 같지만, 자동차 보험과 같은 개념이라고 생각하면 쉽게 이해된다. 운전이라는 행위로 사고를 내 제삼자에게 손해를 배상해줘야 할 때, 운전자들이 사고를 낼 위험을 예측하고 사전에 여러 운전자에게 보험료를 걷어 모아둔 돈으로 이를 보전해주는 자동차 보험과 마찬가지다.

사업주가 사업체를 운영하는 과정에서 업무상 재해가 발생하면 노동자에게 재해보상을 해야 할 책임이 따른다. 이를 예측하고 미리 여러 사용자에게 보험료를 걷어 하나의 보험을 만든 것이 산업재해보상보험이다. 이러한 보험을 민간 기업에 맡길 경우, 가입하지 않는 이탈자가 발생할 수 있다. 따라서 국가가 개입해 강제로 보험에 가입하게 만드는 게 '사회보험(social insurance)' 방식이다. 사적 자치를 허용하지 않고 법률을 통해서 보험 가입을 강제하는 것이다.

헌법에서는 국가가 사회 보장 제도를 책임져야 할 의무를 언급하고 있다. 한국에서도 사회적 위험에 대해 국가의 일반 재정으로 돈을 지급하는 공공부조 방식으로 사회보장을 담당하고 있다. 공공부조란 의료 급여 거치, 장애나 빈곤으로 스스로 삶을 영유할 수 없는 사람들에게 급부를 지급하는 방식의 제도인 반면, 사회보험이란 미리 일정한 돈을 여럿이 함께 지급하고 누군가 피해를 입었을 때 보상해주는 보험 방식이다. 공통된 사회적 위험, 예를 들어 업무상 재해뿐만 아니라 노령(노령연금), 건강 상실(국민건강보험), 실업(고용보험)에 대해서도 같은 형태를 적용하고 있다.

이러한 제도 아래서 사업주들은 보험에 가입하고 보험료를 납부해야 한다. 보험요율은 위험률에 따라 달라지는데, 사고가 자주 발생하는 광업이 가장 높고, 금융은 낮다. 물론 이것만으로 부족하므로 국가 재정에서 일부를 보전받아 급여를 지급하고 있다. 산업재해라는 사회적 위험으로부터 노동자의 생활을 보호하므로 일종의 사회보장 제도로서의 성격을 갖는 것이다.

산업재해보상보험이 하는 일

산업재해보상보험 제도가 피해 노동자나 그 유가족을 보호하는 가장 큰 방식은 첫 번째가 입증 완화다. 손해배상 청구 과정에서 무과실 책임론이 적용되는 것이다. 손해배상을 청구할 때 원고는 피고인 사업주가 안전·보건 의무를 위반했다는 사실을 증명할 필요가 없다. 단순히 내가 입은 부상 혹은 질병이 업무로 인한 것이라는 업무 기인성만 따지면 된다.

원칙적으로는 이러한 인과관계 역시 노동자가 아니라 근로복지공단에서 증명해야 하지만, 아직 우리나라에서는 대법원 전원합의체 판결로 상당인과관계의 증명은 피해자가 해야 한다는 입장이다.

두 번째는 보상의 정량화다. 업무상 재해는 노동자와 사업주 사이의 근로관계라는 특유의 종속적 지위에서 발생한다. 종속적이라는 말이 조금 불쾌할 수 있지만, 쉽게 생각하면 노동자는 사용자와 고용 계약을 맺고 오전 9시부터 오후 6시까지 고용주의 지시 아래 일한다는 의미다. 이처럼 타인이 결정한 업무를 수행해야 한다는 지위 때문에 사용자를 상대로 보상을 요구하는 게 꺼려지는 경향이 있는데, 그 결과 노동자는 업무상 재해에 대한 보상을 아예 받지 못하거나 적정 수준 이하의 보상을 받기도 한다.

월급이 한 번 밀렸다고 해서 당장 고용노동부에 진정을 제기하지 않는 것처럼 산업재해에도 정서적인 태도가 반영된다. 어느 정도 몸이 아프고 경미한 부상을 입었더라도 곧바로 사용자에게 보상해달라고 말하기는 어렵다.

이런 일을 방지하기 위해 사용자가 아니라 근로복지공단이라는 공공기관을 상대로 업무상 재해에 관한 보상을 요구하고 요양 신청을 하도록 절차를 만든 것이다. 이로써 종속성으로 인해 보상받지 못하는 위험은 어느 정도 예방할 수 있다.

위험은 줄이고, 보상은 높인다

지금까지는 산업재해보상보험이 노동자에게 미치는 긍정적인 측면을 살펴보았다면, 지금부터는 사용자에게 미치는 영향을 살펴보자.

우리나라에서 사업을 운영하는 모든 기업이 자력으로 문제를 해결할 만큼 재정적으로 탄탄하지는 않다. 영세한 기업에서 재해가 발생하면 이를 보상해줄 여력이 안 되는 경우도 많다. 문제는 안타깝게도 산업재해가 영세한 기업에서 더 많이 발생한다는 것이다.

위험이 위에서 아래로 흐른다는 말 그대로 대기업보다는 한계선상에 놓인 중소기업이 안전·보건과 관련된 법을 준수하는 측면에서 미진한 부분도 있다. 산업재해를 당한 노동자 입장에서는 억울할 수밖에 없다. 따라서 이러한 위험성을 보험이라는 방식으로 줄이는 것이다. 즉, 보험료는 사업주가 부담하되 반대급부로 산재가 발생하면 보험자인 국가가 보상한다. 정확히는 국가에서 사업을 위탁받은 근로복지공단이라는 공법상 재단에서 보상을 담당하는 것이

산업재해보상보험의 관계도

```
                    국가
              (고용노동부장관 관장)
                     │
                     ①
                     │
                  근로복지공단
           ②              ③
사업주(보험가입자) ──┘        └── 근로자 등(수급권자)
```

① 사무위탁 관계
② 보험 원인 관계 – 보험료의 징수·납부
③ 보험 급여 관계 – 보험급여의 청구·지급 관계

다. 이렇게 되면 사업주는 자신이 부담하는 보상의 위험을 보험의 범위 내에서 면책받을 수 있으므로 위험을 분산하게 된다. 이것이 바로 산재보험이 책임보험의 성격을 갖고 있다는 의미다.

그런데 산재보험이 책임보험의 성격만 인정하느냐 하면 그건 아니다. 현대에 들어와서는 책임보험의 성격을 넘어 사회보험의 성격이 더 커졌다고 본다. 업무상 재해는 사회적 위험이므로 이것은 현대 복지국가가 감당해야 하는 국가의 책무이기 때문이다. 이제 산재보험의 적용 대상자는 근로기준법상 노동자보다 넓어지고 있다. 예전에는 특수형 근로 종사자라고 하는 보험모집인이나 학습지 교사가 해당되지 않다가 법이 개정되면서 이러한 형태의 노동자도 포함되었고, 온라인을 매개로 용역이나 서비스를 제공하는 플랫폼 종사자도 지금까지는 자영업자로 여겨졌지만, 최근에 산업재해보상보험에 가입할 수 있는 길이 열렸다. 이러한 흐름은 국가의 책임을 포괄적으로 넓게 인정하는 방향으로 제도가 달라지고 있는 것이다.

우리나라 산재보험의 역사

그렇다면 우리나라에서는 산재보험이 어떤 식으로 탄생하고 발전해왔을까? 3강에서 잠깐 언급한 것처럼 1953년에 「근로기준법」이 입법되면서 재해보상에 관한 규정을 두어 노동자의 업무상 부상 또는 질병에 대한 사용자의 보상

의무를 최초로 명시했다. 이에 따라 사용자의 업무상 재해에 대한 무과실 책임주의 원칙 역시 처음으로 도입되었다. 이때는 사용자들이 업무상 부상을 당하거나 질병을 입은 노동자에게 보험금이 아닌 사용자의 돈으로 보상을 해줘야 했다.

하지만 이런 방식은 사용자가 도산하거나 다른 경제적 이유로 보상할 능력이 없으면 노동자를 구제할 방법이 없었다. 이에 신속하고 공정한 보상으로 노동자를 구제하고, 위험을 분산해 재해 사건이 발생했을 때 예기치 않은 일시 보상금의 지출로 인한 사업주의 재정적 타격을 완화할 수단이 필요했다. 다음 내용에서 산업재해보상보험의 역사를 조금 더 세부적으로 살펴보자.

1948년 7월 17일에 공포된 제헌헌법 제17조는 "근로조건의 기준은 법률로써 정한다."라고 규정했고, 이후 1953년에 「근로기준법」이 제정·공포되었다. 이때 제정된 「근로기준법」은 무과실 책임주의에 입각해 제78조부터 제84조까지 재해보상 제도에 관한 규정을 두어 평균임금을 기준으로 산정된 일정한 금액을 피해근로자 또는 유족에게 지급하도록 했다. 「근로기준법」은 1953년에 시행된 이래 10여 년 가까이 개정되지 않다가, 1961년 5월 16일 군사 쿠데타에 의해 일시적으로 효력이 정지되었다. 이후 제3공화국이 수립되어 1963년 노동관계법이 전반적으로 재편되면서 국가재건최고회의의 의결로 1963년 11월 5일에 '포괄적 연대성'과 '보험료 선납주의'를 원칙으로 하는 「산업재해보상보험법」이 제정 및 공포되었고, 1964년 7월 1일부터 시행되었다.

그런데 이때 제정된 「산업재해보상보험법」은 사업 또는 사업장 단위별로 강제 가입하도록 함으로써 사업주가 보험료 전액을 부담해야 했고, 산업재해보상보험 관계가 아닌 피재근로자를 수급권자로 한다는 점에서 근본적으로는 제삼자 보험으로서 책임보험적 성격을 갖고 있었다. 이후 「산업재해보상보험법」은 수십여 차례 개정되면서 제정 당시의 '책임보험'의 성격을 극복하고 '사회보험'으로 성격이 바뀌어왔다.

헌법재판소도 2003년, "「산업재해보상보험법」은 헌법상의 사회국가 원리로부터 요구되는 국가의 의무를 이행하기 위한 사회보장제도에 관한 법률"이라고 판시했다. 따라서 산재보험의 적용 대상자를 반드시 「근로기준법」상 근로자로 제한해야 하는 논리적 근거는 없다.

나아가 현행 「사회보장기본법」 제28조(비용의 부담) 제2항에서는 "사회보험에 드는 비용은 사용자, 피용자 및 자영업자가 부담하는 것을 원칙으로 하되, 관계 법령에서 정하는 바에 따라 국가가 그 비용의 일부를 부담할 수 있다."라고 규정하고 있으므로 이를 「근로기준법」상 근로자보다는 더 넓은 개념으로 이해할 수 있으며, '피용자'라는 개념으로 사회보험이 적용되는 대상자의 범위를 다시 설정해볼 수도 있다. 이처럼 이를 사회보장의 성격을 가지게 되었으므로, 산재보험을 적용받는 대상자도 「근로기준법」상 근로자라는 협소한 범주를 넘어 제도의 고유한 목적에 맞춰 더 넓게 확장될 필요가 생겨났다.

이러한 배경에서 특수형태 근로 종사자의 범위는 점차 넓어졌다. 구체적으로 살펴보면 2007년 12월 14일 「산업재해보상보험법」 개정으로 2008년 7월 1일부터 보험설계사 등 네 개 직종의 '특수형태 근로 종사자'에 대한 산재보험 적용 특례 제도가 도입되었고, 이후 2012년 5월 1일부터는 택배 및 퀵서비스 기사, 2016년 7월 1일에는 대출모집인·신용카드모집인·대리운전기사, 2019년 1월 1일부터는 「건설기계관리법」상 27종에 해당하는 건설기계를 직접 운전하는 사람, 2020년 7월 1일부터는 방문판매원·대여제품 방문점검원·가전제품 설치원·화물차주(수출입 컨테이너, 시멘트, 철강재, 위험 물질 운송), 2021년 7월 1일부터 소프트웨어 기술자까지 확대되었다. 이로써 산재보험의 사각지대를 점차 해소한 것은 긍정적으로 평가할 수 있다.

다만 기존에 '특수형태 근로 종사자'에 산재보험을 적용할 때, 개념 근로자가 적용 제한을 신청할 수 있도록 했는데 근로자 가운데 84퍼센트가 적용 제외를 신청함으로써 실제 적용되는 근로자는 소수에 불과하다거나, 기준을 엄격하게 요구해 여러 사업장에 노무를 제공하는 사람은 보호받지 못한다는 비판이 제기되어왔다.

또한, 2019년 전면 개정된 「산업안전보건법」 제2조 제1항에 따르면 산업재해란 "노무를 제공하는 자가 업무에 관계되는 건설물·설비·원재료·가스·증기·분진 등에 의하거나 작업 또는 그 밖의 업무로 인하여 사망 또는 부상하거나 질병에 걸리는 것"이라고 정의하고 있다. 이것은 이전 「산업안전보건법」에서 산업재해를 "근로자가 업무에 관계되는 건설물·설비·원재료·가스·증기·분진 등에 의하거나 작업 또는 그 밖의 업무로 인해 사망 또는 부상하거나 질병에 걸리는 것"이라고 정의했던 것에서 '근로자'를 '노무를 제공하는 자'로 개정해 산업재해 적용 대상자를 확장한 것이다. 「산업안전보건법」이 1981년 「근로기준법」에서 분리되어 독립된 법률로 제정된 것이라는 점을 고려할 때, 「산업안전보건법」의 보호 대상이 바뀐 것은 산업재해 예방 측면에서는 근로자라는 협소한 기준이 아니라 종속성의 여부를 묻지 않고 기업에 노무를 제공하는 사람 모두를 대상으로 한다는 커다란 전환점이다.

이처럼 보호 대상이 넓어진 이상, 산업재해에 대한 보상 측면에서도 그 기준을 「근로기준법」상 근로자에서 '노무를 제공하는 자'로 확대하는 것이 옳다. 이러한 배경에서 2021년 1월 5일에 개정된 「산업재해보상보험법」에서는 특수형태 근로 종사자가 제외되는 사유를 제한했고, 나아가

2022년 6월 10일에 개정된 「산업재해보상보험법」에서는 기존의 소위 '전속성' 요건을 폐지하고, 기존의 특수형태 근로 종사자 및 온라인 플랫폼 종사자까지 포함하는 '노무 제공자'라는 새로운 개념을 도입했다.

02

산재보험의 보호대상
: 근로자를 넘어 '노무제공자'로

일하는 방식의 변화

우리나라가 1990년대 고도성장을 마칠 무렵 기업들은 인건비를 낮추기 위해 구조조정에 들어갔다. 이 시기부터 정년까지 고용을 보장하던 전통적 종신고용 형태가 점차 사라지고, 불완전 고용이 급격하게 증가했다. 특히 1997년 외환위기와 2007년 「비정규직보호법」 시행을 기점으로 고용 관계가 급변했고, 최근에는 기업에서 필요할 때만 인력을 찾아 일시적으로 활용하고 업무가 끝나면 빠르게 고용 관계를 정리하는 소위 '긱(Gig) 경제'가 널리 퍼지고 있다. 이러한 긱 경제는 수요자와 공급자 사이의 단기적인 거래라는 점에서 전통적인 고용 관계와는 성격이 다르다. 또한, 경제의 불확실성이 커지면서 최근 기업들은 외주화로 인력을 운용하는 동시에 더는 근로자를 책임지지 않으려는 움직임을 가속화하고 있다. 이러한 배경에서 새로이 등장한 플랫폼 종사자에 대한 사회적 보호가 중요한 과제로 떠올랐다.

현행 「산업재해보상보험법」에 따르면 특수형태 근로 종사자가 산재보험을 적용받기 위해서는 권리나 의무가 특정한 기업에 소속되어야 한다는 '전속성' 요건을 충족해야 했는데, 배달 앱 등 온라인 플랫폼 등으로 복수의 사업에 노무를 제공하는 경우에는 이를 충족하지 못해 산업재해 보호의 사각지대가 발생한다. 또한, 특수형태 근로 종사자가 전속성 요건을 충족하더라도, 주된 사업장 외의 보조사업장에서 업무상 재해를 입으면 마찬가지로 산재보험이 적용되지 않았다.

2022년 개정된 「산업재해보상보험법」은 이러한 전속성 요건을 폐지하고, 기존 특수형태 근로 종사자 및 온라인 플랫폼 종사자 등을 포괄하는 개념으로 '노무제공자'에 관한 정의를 신설해 산재보험을 폭넓게 적용받을 수 있도록 했다. 이로 인해 새롭게 보험의 적용을 받는 사람은 업무의 특성에 맞게 보험 적용·징수 체계와 급여·보상 제도를 마련함으로써 보호 범위를 이전보다 더 넓게 확대했다. 산재보험의 적용 범위를 노무를 제공하고 그에 따른 대가를 받아 생활하는 사람에 대해서도 적용하자는 것이 이번 개정의 핵심이다.

자신이 아닌 '다른 사람의 사업을 위하여' 노무를 제공하는 사람

2022년 개정법 제91조의15 제1호는 노무제공자의 개념으로 "자신이 아닌 다른 사람의 사업을 위하여 …… 노무를 제공"한다는 것이 포함되어 있다. 이는 온전히 자신의 사업을 위해 스스로 노동하는 자영업자와 구분하기 위한 것이다. 여기서 '노무를 제공'한다는 문구는 타인을 위해 노무를 제공한다는 의미로 해석할 수도 있으나, 그보다는 사업을 운영하는 권한이 다른 사람에게 있다는 것을 명확히 하기 위해 넣은 것이다.

또한, 여기에서 말하는 '사업'이란 「산업재해보상보험법」 제6조의 '사업 또는 사업장'을 바탕으로 해석해야 하는데, 대법원은 「산업재해보상보험법」상 사업 또는 사업장의 의미에 관해 2015년 판결에서 "일정한 장소를 바탕으로 유기적으로 단일하게 조직되어 계속적으로 행하는 경제적 활동단위를 가리키는 것"이라고 해석했다. 따라서 노무제공자의 노무를 제공받는 사람이 사업을 영위하지 않는 사람이라면 노무제공자에 해당하지 않는다. 예를 들면, 개인과 직접 계약을 체결한 가사(家事) 사용인이 개인을 위해 노무를 제공하는 경우를 들 수 있다.

다만 노무를 제공받는 사람이 반드시 사업주일 필요는 없다. 노무제공자는 다른 사람의 사업을 '위하여' 노동력을 제공한다는 의미이지, 상대방이 반드시 사업주여야 한다는 뜻은 아니기 때문이다. 예를 들어, 가사서비스를 중개하는 플랫폼 종사자와 계약을 체결한 근로자가 플랫폼 종사자로부터 알선받은 고객에게 노무를 제공하는 경우가 이에 해당된다.

마지막으로 2022년 개정법에 따라 노무제공자로 인정되기 위해 반드시 하나의 사업을 위해서만 노무를 제공할 필요는 없다. 즉, 복수의 사업에 노동력을 제공하더라도 산재보험의 적용을 받는 데 아무런 장애가 없다. 이 점이 개정전 특수형태 근로 종사자에게 적용되었던 '주로 하나의 사업에 그 운영에 필요한 노무를 상시적으로 제공'할 것과 가장 두드러진 차이점이다.

'사업주로부터 요청을 받아' 노무를 제공하는 사람

2022년 「산업재해보상보험법」개정법 제91조의15 제1호에는 "①노무제공자가 사업주로부터 직접 노무 제공을 요청받거나, ②노무제공자가 사업주로부터 일하는 사람의 노무 제공을 중개·알선하기 위한 전자적 정보처리시스템(이하 "온라인 플랫폼"이라 한다)을 통해 노무제공을 요청받아서 자신이 직접 노무를 제공할 것"을 노무제공자의 개념으로 규정하고 있다. 따라서 2022년 개정된 「산업재해보상보험법」에서 노무제공자로 인정받기 위해서는 사업주의 요청으로 노무가 제공됐는지 여부가 결정되어야 한다.

또한, 개정법에서 주요하게 다루고 있는 온라인 플랫폼 노무제공자에 대한 개념도 확실히 알아두어야 한다. '온라인 플랫폼'은 "일하는 사람의 노무 제공을 중개·알선하기 위한 전자적 정보처리시스템"이라고 정의하고 있으며, 노무제공자가 사업주로부터 직접 노무 제공을 요청받은 경우 이외에도 근로자가 온라인 플랫폼을 통해 사업주로부터 노무 제공을 요청받는 경우에도 노무제공자에 해당할 수 있다고 규정하고 있다.

자신이 '직접' 노무를 제공하는 사람

2022년 개정된 「산업재해보상보험법」 제91조의15 제1호에서는 노무제공자가 자신이 '직접' 노무를 제공할 것을 명시했다. 이러한 요건은 노무제공자가 노무를 제공하면서 이행보조자를 사용하는 것이 허용되는지와 관련된다. 종래 특수형태 근로 종사자의 경우에는 '노무를 제공할 때 타인을 사용하지 아니할 것'이 산재보험의 적용 요건이었다. 2022년 개정법에서 노무제공자의 개념을 설명하며 자신이 '직접' 노무를 제공할 것을 요구한 것은 기존 특수형태 근로 종사자와 마찬가지로 노무 제공의 일신전속성을 요구하는 것으로 이해된다. 즉, 노무제공자가 자신을 대신해 다른 사람이 약속된 일을 하도록 요청할 수 없다는 취지다.

그러나 이를 엄격히 적용하면 법을 개정해 산재보험의 적용 대상을 확산한 취지를 충분히 살리기 어렵다. 따라서 노무제공자가 이행보조자를 계속해서 사용하는 경우와 일시적으로 사용하는 경우를 나누어 후자의 경우에는 노무제공자로 인정될 수 있다고 해석해야 한다.

한편, 앞서 설명한 온라인 플랫폼도 조금 더 구체적으로 살펴보자. 우리나라의 플랫폼 사업 모델을 보면, 운영형태를 다음과 같이 나눠볼 수 있다. ① 플랫폼 종사자 – 관리업체 – 플랫폼 – 고객의 '4자 관계'로 운영되는 경우 ② 플랫폼 종사자 – 플랫폼 – 고객의 '3자 관계'로 운영되는 경우다. ①의 모델은 플랫폼 종사자가 관리업체에 소속되어 있고, 해당 관리업체가 플랫폼을 활용하는 방식, 예를 들어 대리운전 업체가 '배차 프로그램 업체'가 제공하는 프로그램을 활용해 자신과 계약한 대리기사를 고객에게 알선하는 사업 형태다. ②의 모델은 플랫폼이 노무를 중개 및 알선할 뿐 아니라 직접 사업을 운영하면서 플랫폼 종사자가 직접 플랫폼에 등록하는 방식으로, 카카오 T 대리처럼 플랫폼이 직접 대리기사를 고객에게 알선하는 사업 형태다.

이 두 모델에 2022년 개정법을 적용해보면, ①에서는 노무 제공을 중개·알선하는 플랫폼은 개정법에 따라 '플랫폼 운영자'에 해당하고, 관리업체는 '플랫폼 이용 사업자'에 해당한다. 반면, 별도의 관리업체가 없는 ②의 모델은 플랫폼이 중개·알선과 사업 운영을 동시에 하는 방식이므로 해당 플랫폼은 플랫폼 운영자이자 플랫폼 이용 사업자가 된다.

또 다른 예로, 배달 플랫폼 사업에서 개별 배달대행 업체가 '요기요'와 같은 배달대행 프로그램을 이용하는 경우에는 ①의 모델에 해당하므로 '요기요'와 개별 배달대행 업체가 각각 플랫폼 운영자와 플랫폼 이용 사업자가 된다. 가사서비스를 중개하는 플랫폼 사업자와 계약을 체결한 노무제공자가 플랫폼 사업자로부터 알선받은 사업자가 아닌 고객에게 노무를 제공하는 방식의 사업 모델에서도 플랫폼 사업자는 '온라인 플랫폼을 이용하여 플랫폼 종사자의 노무제공을 중개 또는 알선하는 것을 업으로 하는 자'에 해당하므로 플랫폼 운영자이자 동시에 플랫폼 이용 사업자가 된다.

또한, 노무제공자는 '대가를 지급받는' 사람이어야 한다. 산재보험의 목적을 고려할 때, 그 대상자는 자신의 노동력을 유상으로 제공하는 사람이어야 하므로 이러한 요구는 합리적이다. 다만, 그 대가는 금전은 물론 금전으로 판단할 수 있는 물건 또는 채권 기타 재산권 일체를 포함하는 것으로 넓게 해석해야 한다.

'대통령령으로 정하는 직종'에 종사하는 사람

앞서 살펴본 노무제공자의 네 가지 기준에 부합하더라도 대통령령에서 정하는 직종에 해당하지 않는다면 산재보험의 적용 대상이 될 수 없다. 이와 관련해 2023년 7월 1일부터 시행된 개정 「산업재해보상보험법」 시행령 제83조의5는 보험설계사, 학습지 방문교사, 골프장 캐디, 택배원, 대출모집인, 신용카드회원 모집인, 대리운전업자·탁송업자·대리주차업자로부터 업무를 의뢰받아 자동차를 운전하는 사람(대리기사 등), 방문판매원, 대여 제품 방문점검원, 가전제품 설치 및 수리원, 방과후학교의 과정을 담당하는 강사, 어린이 통학버스를 운전하는 사람 등을 노무제공자의 직종으로 규정하고 있다.

이처럼 산재보험을 적용받는 노무제공자에 해당하는 직종을 대통령령으로 세세하게 규정한 까닭은 직종에 따라 산재보험의 필요성이 다를 수 있으며 노무를 제공하는 형태가 다를 수 있기 때문이다. 이를 고려해 산재보험을 적용할 필요성이 높은 직종부터 점진적으로 적용을 확대함으로써 노무제공자 개념이 도입되면서 발생할 수 있는 혼란을 완화하려고 했다.

이러한 방식은 기존의 「산업재해보상보험법」 제125조 제1항에서 특수형태 근로 종사자에 대한 특례를 규정하면서 대통령령에서 정하는 직종에 한하여 적용하는 방식을 취한 것과 유사하지만, 이전에는 직종의 선정을 대통령령에 위임하면서 구체적인 기준을 제시하지 않았던 것에 비해, 2022년 개정법에서는 '업무상 재해로부터의 보호 필요성, 노무제공 형태 등을 고려'하라는 부분을 추가해 구체적으로 위임하고 있다는 점에서 종전보다 개선되었다고 평가할 수 있다.

03

어떠한 경우에
무엇을 보상받는가?

업무상 재해란 무엇인가?

마지막으로 업무상 재해란 무엇인지 간단히 살펴보며 이야기를 마무리하자.

앞서 3강에서 「산업안전보건법」을 설명하면서 업무상 재해의 정의에 대해 살펴봤지만, 여기에서는 「산업재해보상보험법」에서 명시된 내용을 조금 더 구체적으로 알아볼 것이다.

노동자의 유족이 법에 의한 보험급여를 지급받기 위해서는 해당 재해가 업무상 재해여야 한다. 즉, 산재보험 급여의 지급 요건이 되려면 '업무상의 재해'에 해당해야 한다. 여기에서 업무상 재해란 「산업재해보상보험법」 제5조 제1호에 따라 업무상의 사유에 따른 노동자의 부상, 질병, 장해, 사망을 말한다.

재해가 '업무상의 것인가 아닌가' 하는 판정은 노사 쌍방에게 보상책임의 유무와 급여 내용을 결정하는 중요한 문제다.

이에 대해 과거 판례는 업무상 재해를 "근로자가 사업주와의 근로 계약에 기하여 사업주의 지배·관리 하에서 근로 업무의 수행 또는 그에 수반되는 통상적인 활동을 하는 과정에서 이러한 업무에 기인하여 발생한 재해"라고 해석해 업무수행성과 업무기인성이라는 두 가지 요건을 요구했다.

현행 「산업재해보상보험법」은 이러한 판례를 종합해 업무상 재해 인정 기준에 대해 「산업재해보상보험법」 제37조와 시행령 제27조부터 제36조까지 상세하게 규정하고 있다.

업무상 재해를 누가 증명해야 하는가?

그렇다면 업무상 재해는 어떤 기준에 따라 인정될 수 있을까? 현행 「산업재해보상보험법」 제37조 제1항은 "근로자가 다음 각 호의 어느 하나에 해당하는 사유로 부상·질병 또는 장해가 발생하거나 사망하면 업무상의 재해로 본다. 다만, 업무와 재해 사이에 상당인과관계가 없는 경우에는 그러하지 아니하다."라고 규정하고 있다. 이 내용을 구체적으로 살펴보면 다음과 같다.

산재보험법 제37조(업무상의 재해의 인정 기준) ① 근로자가 다음 각 호의 어느 하나에 해당하는 사유로 부상·질병 또는 장해가 발생하거나 사망하면 업무상의 재해로 본다. 다만, 업무와 재해 사이에 상당인과관계(相當因果關係)가 없는 경우에는 그러하지 아니하다. 〈개정 2010. 1. 27., 2017. 10. 24., 2019. 1. 15.〉

1. 업무상 사고
    가. 근로자가 근로계약에 따른 업무나 그에 따르는 행위를 하던 중 발생한 사고
    나. 사업주가 제공한 시설물 등을 이용하던 중 그 시설물 등의 결함이나 관리소홀로 발생한 사고

다. 삭제 〈2017. 10. 24.〉

　　라. 사업주가 주관하거나 사업주의 지시에 따라 참여한 행사나 행사준비 중에 발생한 사고

　　마. 휴게시간 중 사업주의 지배관리하에 있다고 볼 수 있는 행위로 발생한 사고

　　바. 그 밖에 업무와 관련하여 발생한 사고

2. 업무상 질병

　　가. 업무수행 과정에서 물리적 인자(因子), 화학물질, 분진, 병원체, 신체에 부담을 주는 업무 등 근로자의 건강에 장해를 일으킬 수 있는 요인을 취급하거나 그에 노출되어 발생한 질병

　　나. 업무상 부상이 원인이 되어 발생한 질병

　　다. 「근로기준법」 제76조의2에 따른 직장 내 괴롭힘, 고객의 폭언 등으로 인한 업무상 정신적 스트레스가 원인이 되어 발생한 질병

　　라. 그 밖에 업무와 관련하여 발생한 질병

3. 출퇴근 재해

　　가. 사업주가 제공한 교통수단이나 그에 준하는 교통수단을 이용하는 등 사업주의 지배관리하에서 출퇴근하는 중 발생한 사고

　　나. 그 밖에 통상적인 경로와 방법으로 출퇴근하는 중 발생한 사고

위 조항은 2007년 12월 14일에 「산업재해보상보험법」이 전면 개정되면서 종전에 동법 시행규칙에 흩어져서 규정되어 있던 것을 묶어서 정한 것이다.

그런데 「산업재해보상보험법」이 제5조 제1호에서 업무상 재해에 대해 정의했음에도 제37조에서 다시 업무상 재해의 '인정기준'을 별도로 규정한 것은 무슨 이유에서일까? 이는 업무상 재해의 '인정'에 관한 판단을 담당하는 공단과 법원이 준수해야 하는 판단 방법을 법으로 각각 정했다는 취지로 이해해야 할 것이다.

따라서 「산업재해보상보험법」 제37조 제1항은 1차적인 판단을 하는 공단이 이 내용에 따라 요양급여 신청에 대한 급여 여부를 판단하고, 만약 공단이 급여 지급을 거부했다면 2차적인 판단을 하는 법원이 공단의 거부 처분이 적법한지 따지는 항고소송 단계에서 이 부분을 근거로 판결해야 한다는 의미다. 그러나 법원은 「산업재해보상보험법」 제37조 제1항이 도입된 이후에도 업무와 재해 사이에 상당인과관계를 증명할 책임이 원고인 피재근로자 또는 유족에게 있다는 입장을 유지하고 있다.

산업재해는 기업이 소유한 정태적(靜態的) 재산을 노동력과 생산수단이라는 동태적 재산으로 활성화하는 과정에서 불가피하게 발생하는 사회적 위험이다. 산재보험은 이러한 위험에 대응하기 위한 제도로서 본질은 총자본에 의한 총노동의 보장이다. 산업재해는 산업혁명 이후 발생한 업무상 재해라는 사회적 위험이다. 근대 민법에서는 엄격한 과실책임 원칙을 들어 이러한 사회적 위험을 사실상 근로자가 부담하도록 했고, 이 문제를 해결하게 위해 불법행위에서 무과실 책임, 사용자의 재해보상책임 등을 거쳐 산재보험 제도가 발명되었다. 물론 초기 산재보험이 책임보험의 성격에서 출발한 것은 사실이나, 오늘날에는 사회보장 제도에서 하나의 기둥으로 기능하고 있다.

절차는 실체를 담는 그릇이다. 산재보험 제도는 근대 민법의 과실책임 원칙이 산업재해 문제를 제대로 해결할 수 없다는 문제점을 극복하기 위해 도입했다. 이와 같은 진전은 그 내용에 맞는 그릇에 담아야 한다. 쌍방이 평등한 관계라는 전통적인 민사소송법의 원칙은 산재보험이라는 사회입법을 담는 적합한 그릇이 아니다. 이러한 관점에서 2007년 전면 개정된 「산업재해보상보험법」 제37조는 '업무상 재해'가 성립하는 요건을 평가할 때 구체적 사실에 대한 증명책임을 규정한 취지로 해석하고, 상당인과관계에 관한 증명을 공단이 책임지도록 함으로써 사회입법으로서의 산재보험을 어울리는 그릇에 담아내는 긴 여정에서 의미 있는 출발점이 될 것으로 생각한다.

업무상 재해가 발생하면 어떠한 보상을 받는가?

업무상 재해를 입었을 때 「산업재해보상보험법」에 따라 보상받을 수 있는 범위는 단순히 부상이나 질병의 치료뿐 아니라 이후의 재활이나 유가족 보상까지 상당히 넓다. 다음 표를 보면서 구체적으로 살펴보자.

크게는 세 가지로 나뉘는데, 첫 번째는 부상과 질병, 두 번째는 이로 인한 장해, 세 번째는 사망이다. 부상이나 질병이 발생하면 이에 대한 치료가 가장 먼저 이루어진다. 이걸 보상해주는 것이 첫 번째 급여다. 그중 가장 위에 있는 요양급여는 원칙적으로 현금을 지급하지 않고 산업재해와 관련된 지정 병원에서 치료를 받으면 요양비가 면제되는 형식이다. 치료받는 기간에 출근하지 못해서 월급을 받을 수

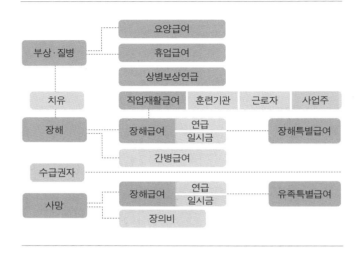

없다면, 휴업급여도 함께 제공된다. 산업재해로 인해 일하지 못하는 기간의 소득도 보장해주는 것이다. 이때 받는 급여는 업무상 재해 직전 최종 3개월분 임금을 평균으로 나눈 것의 70퍼센트 수준이다. 그런데 휴업급여는 지급되는 일자가 짧은 편이다. 심각한 장애를 입어 장기간 업무를 수행할 능력을 잃어버린 경우에는 일반적인 휴업급여가 아니라 상병 보상 연금이라고 해서 장해급여 수준으로 조금 높은 금액을 정기적으로 지급받게 된다.

치유가 끝나면 그다음으로는 장해급여로 넘어간다. 여기에서 치유란 완치와는 조금 다른 개념이다. 치료를 계속하더라도 더 나아질 수 없는 증상이 남은 상태를 말하는데, 예를 들어 손가락이 잘린 재해를 입었다면 이에 대해 후유증이 발생하지 않는 정도로 치료를 마무리했다 하더라도 손가락이 잘렸다는 장해 상태는 그대로 남는다. 이것이 바로 「산업재해보상보험법」에서 말하는 장해다. 그러면 이에 대한 장해급여가 지급된다. 장해 정도가 심각하면 연금 방식으로 지급하고, 장해 정도가 가벼우면 일시금으로 지급한다.

또한, 장해를 입은 사람이 사업장으로 복귀할 수 있도록 새로운 훈련을 돕는 재활급여를 지급하기도 한다. 장애로 스스로 삶을 꾸릴 수 없는 경우에는 정액의 간병급여를 지급하기도 한다. 치료받는 동안에는 급여 내에 간병이 포함되는데, 치유가 끝나면 요양 급여 지급도 끝나므로 이럴 때는 장애 상태에 대한 장해급여로 전환해 별도의 간병급여를 지급하는 것이다. 여기까지는 급여의 수급권자가 재해자 본인이다.

안타깝게도 재해를 당한 사람이 사망하는 경우에는 어떨까? 이때는 재해 당사자에게 급여를 지급할 이유가 없어진다. 대신 피해자가 생계를 책임지고 있었던 유족, 즉 배우자나 자녀, 부모와 같은 피부양자가 있다면 연금이나 일시금 형태로 유족급여를 지급한다. 근로복지공단에 급여를 신청하면 발생한 사망 사고가 업무상 재해인지 인과관계를 따져 급여 지급 여부를 결정하게 된다. 과거에는 사고에 의한 재해에만 유족급여를 지급했으나 최근에는 업무상 스트레스로 인한 자살 사고에서도 유족급여를 승인하는 사례가 많아지고 있다. 또한, 장례 비용에 대한 보상도 별도로 이루어진다.

마지막으로 특별급여는 부상이나 질병 또는 사망이 제삼자의 고의 같은 불법 행위로 발생했다면, 먼저 공단에서 특별급여를 지급하고 원인을 제공한 사용자에게 구상권을 청구하는 방식으로 급여 비용을 충당한다.

이것이 급여를 지급하는 일련의 내용이다. 간단히 정리하면 업무상 이유로 부상, 질병, 장해, 사망을 당한 업무상 재해가 발생했을 때, 공단은 각각의 부상, 질병, 장해, 사망이라는 원인에 대응해서 치료비와 요양비를 지급하고, 일하지 못한 기간에 대해 소득을 보장해주며, 장해가 나오면 이에 대해서도 일정한 급여를 지급하고, 사망할 경우에는 유족에게 연금을 지급하는 방식으로 구성된 것이다.

지금까지 근로자가 산업재해를 당했을 때, 「산업재해보상보험법」에 근거해 어떤 방식으로 보상받고 삶을 지속할 수 있도록 돕는지 살펴보았다. 무과실 책임을 도입하고, 배상 대신 보상 방식을 택하고, 공단에 업무를 위탁하기 위해 법을 개정해온 일련의 과정은 위험의 사각지대에 놓인 근로자가 없도록 하기 위한 선진적인 조치였다. 이로써 근로자들은 업무 중 불행한 사고를 당하더라도 이후의 삶을 보장받을 수 있다는 생각으로 어느 정도 안심하며 일할 수 있게 되었다.

노동 관계에서 사용자와 근로자는 늘 '갑을 관계'일 수밖에 없다. 억울한 일을 당해도 일자리를 잃거나 불리한 조치를 당할까 선뜻 말하지 못한 채 끙끙 앓는 경우도 부지기수다. 위험한 일을 강요받아도 그대로 따르기도 한다. 위험은 위에서 아래로 흐른다. 대기업에서 하청기업으로, 사용자에서 관리자를 거쳐 가장 아래에서 일하는 근로자로. 수십 년째 이어지는 위험의 고리를 이제는 끊어야 할 때다. 이것이 「산업안전보건법」 개정안, 「중대재해처벌법」, 「산업재해보상보험법」 등을 만들고 개정하며 산업현장에 적용해온 이유다. 알면서도 이를 그대로 방치한다면 대한민국 사회는 더 이상 선진사회라고 불릴 자격이 없다. 이제는 정부와 기업, 그리고 국민 모두가 경각심을 갖고 산업재해와 시민재해 문제 해결에 관심을 기울여야 할 것이다.

산업재해

"누구나 안전한 환경에서 일할 권리가 있다"

노동자가 업무와 연관된 작업 또는 그 밖의 업무로 인해 사망 또는 부상당하거나 질병에 걸리는 것을 말한다. 줄여서 '산재'라고도 부른다. 「산업안전보건법」에서는 산재의 범위를 사망 및 부상, 질병으로 한정하고 있지만, 「산업재해보상보험법」에서는 업무 연관성만 있으면 피해를 보상해준다.

시민재해

"안전한 사회가 되기 위한 0순위 해결 과제"

산업 현장이 아니라 공중시설이나 대중교통 이용자, 또는 특정한 제조물을 이용하는 소비자 등 불특정 다수에게 발생하는 재해. 대표적으로 삼풍백화점 붕괴사고, 가습기 살균제 사건 등을 들 수 있다. 「중대재해처벌법」에 따라 사업주나 경영 책임자를 처벌할 수 있다.

위험사회

"위험은 피할 수 없다"

독일의 사회학자 울리히 벡이 자신의 저서 『위험사회』에서 주장한 현대사회의 특징. 산업화는 인류에게 물질적 풍요를 가져다주었지만, 그와 동시에 예기치 못한 위험도 함께 가져옴으로써 인류는 점점 더 일상적으로 위험한 사회에서 살게 되었다는 이론이다.

하인리히의 법칙

"큰 위험에는 이를 막을 300번의 기회가 있다"

대형 사고가 발생하기 전에는 부상으로 이어지지 않은 경미한 사고와 기계 결함 등 300번의 전조 증상이 발생한다는 이론. 작은 문제에 신속하게 대처하면 큰 문제를 예방할 수 있다는 의미다. 미국의 여행 보험 회사 관리자였던 허버트 하인리히가 7만 5,000건의 산업재해를 분석해 발견했다.

안전

"기업이 감당할 수 있는 최소한의 위험"

영어로는 safety. 지속적인 위해 요인을 발굴하고 위험을 관리하는 과정에서 인명 피해나 재산 손실을 불러일으킬 수 있는 위험이 받아들일 만한 수준 이하로 유지되는 상태를 말한다. 위험을 완전히 없애기는 어려우므로 최소한으로 낮추는 것이 안전이다.

보건

"쾌적한 환경이 건강한 노동을 만든다"

일하는 장소에서 노동자가 접촉하는 물체 또는 환경으로 인해 질병이 발생할 만한 필연성이 있는 경우, 이러한 유해성을 제거함으로써 질병을 방지하는 것을 의미한다. 산업 현장에서 발생하는 소음, 분진, 유해 물질 등으로부터 노동자를 보호하는 일이다.

산업안전보건법

"누구나 안전한 환경에서 일할 권리가 있다"

1982년부터 시행된 산업 안전 및 보건에 관한 기준을 확립한 법. 기존에 「근로기준법」에 포함되었던 10여 개 조항을 따로 분리해 내용을 더욱 구체화했다. 충남 태안화력발전소에서 일어난 고 김용균 씨 사망 사건을 계기로 2019년 전면 개정되었고, 이 법이 2020년부터 시행되고 있다.

중대재해처벌법

"치명적인 결과에는 막대한 책임이 따른다"

중대산업재해 또는 중대시민재해가 발생하는 경우, 사업주와 경영 책임자를 강도 높은 형법에 따라 처벌할 수 있도록 한 법. 이 법에 따르면 근로자가 사망한 경우 책임자는 1년 이상의 징역 또는 10억 원 이하의 벌금을 선고받을 수 있고, 민법에 따라 징벌적 손해배상 책임을 부담할 수도 있다.

산업재해보상보험법

"일하는 국민을 보호해야 할 국가의 책임"

근로자가 업무상 재해를 당했을 때, 국가가 주도적으로 이를 보상함으로써 근로자가 빠르게 회복하고 사회에 복귀할 수 있도록 규정한 법. 이 법에 근거한 보험 사업은 근로복지공단에 위탁해 관리하고 있다. 요양급여, 휴업급여, 장해급여, 간병급여, 상병보상연금, 장의비, 직업재활급여 등이 포함된다.

KI신서 11057

당신의 안녕이 기준이 될 때

1판 1쇄 인쇄 2023년 7월 20일
1판 1쇄 발행 2023년 7월 28일

지은이 권오성
펴낸이 김영곤
펴낸곳 (주)북이십일 21세기북스

콘텐츠개발본부이사 정지은
인생명강팀장 윤서진 **인생명강팀** 최은아 강혜지 황보주향 심세미
디자인 표지 섬세한 곰 **본문** 푸른나무디자인
출판마케팅영업본부장 한충희
마케팅2팀 나은경 정유진 박보미 백다희
출판영업팀 최명열 김다운 김도연
제작팀 이영민 권경민

출판등록 2000년 5월 6일 제406-2003-061호
주소 (10881) 경기도 파주시 회동길 201(문발동)
대표전화 031-955-2100 **팩스** 031-955-2151 **이메일** book21@book21.co.kr

© 권오성, 2023

ISBN 979-11-711-7012-8 04300
          978-89-509-9470-9 (세트)

(주)북이십일 경계를 허무는 콘텐츠 리더

21세기북스 채널에서 도서 정보와 다양한 영상자료, 이벤트를 만나세요!

페이스북 facebook.com/jiinpill21 **포스트** post.naver.com/21c_editors
인스타그램 instagram.com/jiinpill21 **홈페이지** www.book21.com
유튜브 youtube.com/book21pub

서울대 **가**지 않아도 들을 수 있는 **명강**의! 〈서가명강〉
'서가명강'에서는 〈서가명강〉과 〈인생명강〉을 함께 만날 수 있습니다.
유튜브, 네이버, 팟캐스트에서 '서가명강'을 검색해보세요!